LA PUBLICIDAD ONLINE. MOTOR ECONÓMICO CON RIESGOS LEGALES

Alexandre López McVay

Agradecimientos

A mis padres por siempre creer en mí.

A Diana por su apoyo incondicional.

A Francisco Pérez Bes por su ayuda y guía para este libro.

A quienes participaron en la fase de investigación y experimento por su colaboración.

A mis compañeros del Máster en Derecho Digital y Sociedad de la Información por sus valiosas opiniones.

A la dirección y profesores involucrados en el Máster en Derecho Digital y Sociedad de la Información por haberme blindado con esta gran oportunidad.

ÍNDICE

1. INTRODUCCIÓN

1.1 Introducción

Desde su invención, y sobre todo durante el siglo XXI, el uso y posibilidades que ofrece Internet han crecido de manera exponencial. Por ende, muchos de los servicios gratuitos que se ofrecen en la red son sufragados gracias a la publicidad que se muestra a los usuarios mediante este medio digital, la cual conocemos de manera genérica como la publicidad online. Así, la publicidad online se ha posicionado como un elemento esencial para el desarrollo de Internet, dado que permite disfrutar de muchos de los servicios prestados de manera gratuita.

Este tipo de publicidad, consistente en la promoción de bienes o servicios empresariales a los consumidores a través de Internet (vía páginas web, aplicaciones, motores de búsqueda, etc.), permite la optimización por parte de los anunciantes de sus campañas publicitarias a través de la segmentación de perfiles de los usuarios. De esta manera, la publicidad que se difunde permite alcanzar un mayor interés de una concreta campaña. Esto permite que este tipo de publicidad se desmarque de la publicidad realizada a través de métodos más tradicionales, como son los periódicos, revistas, televisión, radio, etc. Asimismo, el extendido uso de Internet en la actualidad permite que la publicidad online sea mucho más efectiva de cara al destinatario de la misma que la publicidad tradicional.

Como se verá a lo largo de este libro, y a pesar del actual contexto socio-económico de recesión, gracias a las novedosas herramientas que pone a disposición Internet a las diferentes partes implicadas, la publicidad online genera grandes oportunidades de negocio, motivo por el cual se encuentra en claro desarrollo, expansión y evolución, generando, por un lado, importantes ingresos económicos a todas las partes implicadas, y por otro lado, beneficios a los destinatarios de la misma.

También es necesario tomar en consideración que la irrupción en el mercado de nuevos dispositivos electrónicos, como son los *smartphones*, *tablets* e incluso las *Smart TV* permiten que la publicidad online sea también mostrada a través de los mismos, ampliando así las oportunidades que se generan para captar el interés de los usuarios y obtener un mayor rendimiento económico a través de la publicidad online.

Uno de los objetivos finales de realizar la segmentación de perfiles de los usuarios es mostrar publicidad basada en los intereses de los usuarios, la cual se conoce como publicidad comportamental u *Online Behavioural Advertsing* (de ahora en adelante, y por sus siglas en inglés, «OBA»).

Como se analizará a lo largo de este libro, la OBA permite, a través de la tecnología de las cookies u otros similares, llevar a cabo un seguimiento y análisis de la navegación online de los usuarios para posteriormente poder dirigir aquella publicidad que sea coincidente con los intereses mostrados por parte de los usuarios. Para realizar una comparativa con el mundo offline, sería como ir a un supermercado, y que un comprador se fijara en un producto en concreto, pero sin embargo decide no comprarlo. Entonces, más adelante, un asistente de la tienda se acerca al mismo comprador para informarle que ha observado que el comprador ha mostrado un interés en aquel producto, pero que sin embargo ha decidido no comprarlo, y que por ello le puede ofrecer otros productos similares que coinciden con el interés mostrado por el comprador por ese producto en concreto.

Sin embargo, como se observará a lo largo de esta obra, los usuarios, a pesar de tener un conocimiento muy básico de que su navegación puede ser objeto de monitorización, desconocen cómo y por qué su comportamiento online está siendo monitorizada, ni qué pueden hacer para evitar que su actividad online sea rastreada.

El presente libro consiste en el análisis y estudio de la publicidad online, en el cual se profundizará en sus aspectos fundamentales, incluyendo los diferentes conceptos, elementos característicos, partes intervinientes y modelo de negocio. Concretamente, se hará un especial énfasis en la OBA.

En este sentido, haré mención a los principales riesgos que considero que la publicidad online genera, en especial la OBA, en materia de intimidad o privacidad y protección de datos para los usuarios de Internet, cuyos datos personales puede ser usados sin su debido consentimiento ni conocimiento.

Por último, se indicarán una serie de propuestas que, en mi opinión, permitirían contrarrestar estos riesgos detectados.

1.2 Estructura

El siguiente libro está dividido en diferentes capítulos cuyo objetivo es la realización de un análisis de la publicidad online, al marco jurídico aplicable en la Unión Europea como Estados Unidos, así como los diferentes riesgos legales que comporta la publicidad online (sobretodo, como se ha indicado, la OBA) y mis propuestas para dar solución para remediar dichos riesgos.

La realización del presente libro se ha basado en la información contenida en diversas fuentes de información, como son los diferentes artículos académicos relativos a la publicidad online y a la OBA, artículos de prensa y de opinión, cuyas referencias quedarán debidamente recogidas en el apartado de Bibliografía.

Así, en primer lugar, en el capítulo *2. La Publicidad Online* se analizará brevemente cuál ha sido la evolución de la publicidad online, los principales tipos de publicidad online existentes actualmente y las nuevas variantes que están por venir en un futuro, así como cuál es la relación existente entre los usuarios y la publicidad online.

Este apartado está más centrado en el aspecto de negocio de la publicidad online, la cuál es muy importante entender para poder analizar y comprender correctamente la problemática a nivel legislativo que genera la publicidad online, la cual será analizada en los capítulos siguientes.

En segundo lugar, en el capítulo *3. Marco Legal de la Publicidad Online* se realizará un análisis del marco jurídico aplicable a la publicidad online en la Unión Europea y en Estados Unidos. También se resaltará los nuevos cambios legislativos en materia de cookies y las iniciativas de autorregulación promulgadas en ambos continentes.

En el capítulo *4. Riesgos de la Publicidad Online* se hará mención a los principales riesgos que considero que la publicidad online genera frente a los derechos fundamentales de la intimidad o privacidad y protección de datos, y se indicarán algunas posibles soluciones para remediar dichos riesgos legales.

Finalmente, en el apartado *5. Conclusiones* se reflexionará sobre todo lo visto a lo largo de este libro y se resumirán las recomendaciones indicadas en este libro que en mi opinión pueden servir para mitigar los riesgos legales detectados.

2. LA PUBLICIDAD ONLINE

2.1 Evolución de la publicidad online

La publicidad online surge a raíz de la continua evolución que la publicidad ha ido sufriendo a lo largo de los años, sobre todo con la aparición y evolución de Internet.

Desde la comercialización de Internet a principios de la década de los 90, el número de usuarios ha ido creciendo de manera exponencial. Así, en marzo de 2013, el número de usuarios de Internet en el mundo era de un total de 2,75 mil millones a nivel mundial (Miniwatts Marketing Group 2001-2013). Este hecho ha propiciado que Internet se haya convertido en el medio en el cual la publicidad está experimentando el crecimiento más rápido jamás visto. Entre los años 1995 y 2000, en plena «burbuja punto . com», se invirtieron 8,2 mil millones de dólares en publicidad online.

Para entender el alcance de la publicidad online, es necesario destacar que a lo largo de estos años se ha producido la aparición de diversos actores que juegan un papel clave en el desarrollo actual y evolución de la publicidad online. Así, por un lado, en 1995 se fundó DoubleClick, la primera empresa de publicidad que desarrolla y ofrece servicios de anuncios en Internet. En marzo de 2008, Google Inc. (en adelante, «Google») compró dicha empresa por un total de 3,1 mil millones de dólares.

Por otro lado, se produce la aparición de los primeros motores de búsqueda. Así, en 1995 se lanzaron los primeros motores de búsqueda: Alta Vista y Yahoo!. En los años inmediatamente posteriores se lanza Ask.com, y ya en 1998 se lanza el motor de búsqueda que actualmente tiene la mayor cuota de mercado: Google. Por último, también en 1998, Microsoft Corporation (en adelante, «Microsoft») lanza su plataforma MSN y su motor de búsqueda MSN Search, el cual sería sustituido por Windows Live Search en 2006, Live Search en 2007 y finalmente por Bing en junio de 2009.

En el año 2000, Google lanza AdWords, el cual se hará referencia al explicar los tipos de publicidad online en el apartado siguiente.

Otro hecho destacable es la aparición durante la primera década del 2000 de las redes sociales, las más importantes que deben ser destacadas son; MySpace (año 2003), Facebook (año 2005), Youtube (año 2005, el cual supone el nacimiento de la publicidad online en formato vídeo) y Twitter (año 2007, que supone el nacimiento de los denominados *tweets* patrocinados).

Por último, la publicidad online se ha extendido también a los dispositivos móviles, la cual con la reciente aparición de los móviles *smartphones* o las *tablets*, su impacto se está haciendo notar cada vez más. Ya en 2006 se funda la empresa AdMob, con el objetivo de poder incorporar los banners publicitarios a las apps, navegadores y juegos de los móviles. Por su parte, en 2009 Google compra AdMob por un total de 750 millones de dólares.

En la actualidad, la publicidad online se ha consolidado como el segundo medio en el que más inversión se realiza. Así, según la encuesta anual *AdEx Benchmark* de IAB Europe de 2012 (Fennah 2012), en la Unión Europea se invirtieron un total de 24,3 mil millones de Euros en publicidad online durante el 2012, únicamente superado por la inversión en televisión, que alcanzó los 28,1 mil millones de Euros (ver Anexo I). Esto supone un crecimiento del 11,5% durante el año 2012, que contribuye al crecimiento del 15,3% que experimentó la publicidad online durante el año 2011.

Por su parte, y según el *Estudio de Inversión en Publicidad Digital* elaborado por IAB Spain del año 2012, en España se invirtieron un total de 885,7 millones de Euros en publicidad online, situándose por detrás de la televisión (iabSpain 2012), pero a expensas de otros métodos tradicionales, como son la publicidad impresa y la radio (iabSpain 2012). Asimismo, la inversión digital prácticamente se ha mantenido con respecto a 2011, lo cual indica una consolidación en la madurez del sector (ver Anexo II).

Por último, según el estudio IAB *Internet advertising revenue report 2012 full year results*, de April 2013, elaborado por la IAB y la consultora PriceWaterhouseCoopers (pwc), en Estados Unidos se invirtieron un total de 36,6 mil millones de dólares, produciéndose un incremento del 15% en los beneficios obtenidos durante el 2012 (Pricewaterhouse-Coopers 2012). Al igual que en Europa, la inversión digital únicamente es superada por la televisión, con un total de 39,6 mil millones de dólares (ver Anexo III).

Por lo que respecta al primer trimestre del año 2013, la *Q1 '13 Internet Advertising Revenue Press Release* indica que en Estados Unidos se ha alcanzado un beneficio total de 9,6 mil millones de dólares, lo cual supone un récord y un incremento del 15,6% en comparación con los beneficios totales de 8,3 mil millones de dólares obtenidos durante el primer trimestre de 2012 (iab. 2013).

Por último, y según un estudio realizado por el grupo ZenithOptimedia, se estima que la inversión en publicidad en Internet crecerá una media del 15% anual entre 2012 y

2015 y contribuirá con un 66% al crecimiento global de la inversión en publicidad. Este crecimiento se debe fundamentalmente a la innovación digital —materializada en mejores métricas de seguimiento, mejoras en la práctica de la geolocalización integración de todos los dispositivos móviles— así como al vídeo online y los medios sociales que continúan creciendo en tasas del 30% anuales (Zenith 2013) .

2.2 Tipos de publicidad online

Como ya se ha indicado, la publicidad online es el único medio en el cual la publicidad está experimentando un crecimiento significante. En mi opinión, esto se debe a tres motivos tendentes en la publicidad online:

1. El incremento constante del número de usuarios online;
2. La continua mejora de la medición de las campañas publicitarias;
3. El *targeting* 1 que puede realizarse a los usuarios.

Dada la gran variedad de tipos de publicidad online que existe en la actualidad, en el presente libro se resaltarán los tipos y formatos de publicidad online que considero ser más relevantes en la actualidad:

[1]   El target puede definirse como «el tipo de personas a las que se dirige una campaña de publicidad, porque les pueda interesar el producto o servicio publicitado. También son las características de las personas que visitan un sitio web.» (García 2013)

2.2.1 Publicidad Display

Es aquella publicidad gráfica que aparece junto al contenido de las páginas web, aplicaciones de mensajería instantánea, correo electrónico, etc.

Estos anuncios, los cuales suelen mostrarse en formato de imagen gráfica o *banner*, vienen en tamaños de anuncio estándar, y pueden incluir texto, logos, imágenes, enlaces patrocinados o más recientemente, los medios de comunicación ricos (en inglés, *rich media 2*). (Ver Anexo IV)

En la publicidad *Display*, el anunciante (en inglés y de ahora en adelante, «*advertiser*»), es aquella persona física o jurídica a quien le interesa publicar anuncios publicitarios de sus productos y/o servicios. Por ello, el *advertiser* es quien se encarga de pagar, empleando algún método o sistema de compensación de pagos, para que sus anuncios aparezcan en aplicaciones y/o sitios web.

El *advertiser* puede acordar directamente con los editores online (en inglés y de ahora en adelante, «*publishers*»), que es el interesado en rentabilizar sus sitios web o aplicaciones mediante la comercialización de espacios para que se inserte publicidad (también conocida como publicidad «*on site*»). Sin embargo, en la práctica, este tipo de publicidad es muy difícil de llevar a cabo por los siguientes motivos:

a. La comercialización de la publicidad exige unas necesidades técnicas muy específicas y habitualmente caras;

---

[2] Nombre que agrupa una serie de formatos publicitarios digitales que usan tecnología avanzada (HTML, Flash…) y permiten funcionalidades más ricas. Los formatos Rich Media posibilitan una experiencia de usuario más completa a través del uso de la interactividad y el juego con elementos audiovisuales. http://www.iabspain.net/iabpedia/

b. A los *publishers* les resulta muy complicado atraer un volumen suficientemente elevado de tráfico para que sea viable vender esas audiencias directamente a los *advertisers*;

c. El número de *advertisers* potencialmente interesados en insertar publicidad en un sitio web y/o aplicación se está multiplicando debido a la globalidad de Internet.

Esta situación ha conllevado la aparición de empresas intermediarias entra ambas partes, denominados proveedores de redes publicitarias (en inglés, y de ahora en adelante *«advertising network providers»* o *«ad networks»*). Así, los *publishers* ponen a disposición de los *ad networks* espacios publicitarios en sus sitios web o aplicaciones para que los comercialicen a su nombre. Por su parte, los *advertisers* les ofrecen la publicidad que desean insertan en dichos espacios disponibles. En este sentido, los *ad networks* actúan como representantes de ventas o *brokers* de una pluralidad de *publishers*, además de encargarse de distribuir la publicidad de los *advertisers* al mayor número posible de sitios web que formen parte de su red publicitaria.

Sin embargo, dada la existencia de una gran variedad de *ad networks* (tales como Google Display Network, AT&T AdWorks, ValueClickMedia o ExoClick, entre muchos otros), y dado que los *advertisers* posiblemente estuvieran pagando por la distribución de su publicidad a una misma audiencia por parte de diferentes *ad networks*, surgió la necesidad de una mayor eficiencia en la distribución de la publicidad, por lo que aparecieron los *Ad Exchange*. Éstos permiten a los compradores y vendedores intercambiar las audiencias, mediante la puesta a disposición de las audiencias en la plataforma *Ad Exchange* por parte de los *publishers*, mientras que los anunciantes pueden escoger las audiencias específicas en las cuales estén interesados en hacer el *targeting* de sus campañas publicitarias y pujar por ellos.

Algunos *advertisers* crearon sus propias *Agency Trading Desks* (ATD por sus siglas en inglés) o *Demand Side Platforms* (DSP por sus siglas en inglés) que les permiten pujar en la plataforma *Ad Exchange* de manera eficiente y a tiempo real. Por su parte, algunos *publishers* venden directamente a la plataforma Ad Exchange, mientras que otras invirtieron para crear su *Sell Side Platform* (SSP por sus siglas en inglés), las cuales optimizan la venta de las audiencias por parte de los *publishers*.

Gracias a esto, en la actualidad los *ad networks* también pueden comprar y vender en las plataformas *Ad Exchange* (EDAA 2009- 2013).

Por último, quien juega un papel importantísimo entre los *advertisers* y los *ad networks* son los denominados servidores de publicidad online o *ad servers*, los cuales son los encargados de facilitar la tecnología necesaria para poder llevar a cabo la difusión de los mensajes comerciales online a la audiencia correcta y en un momento determinado. Estas plataformas permiten implementar adecuadamente y optimizar el impacto de las campañas publicitarias online.

2.2.2 OBA o Publicidad Comportamental

El Grupo de Trabajo del Artículo 29 define la OBA en su en su *Dictamen 2/2010 sobre publicidad comportamental en línea*, de fecha 22 de junio de 2010 (en adelante «Dictamen 2/2010») como aquella publicidad *«basada en la observación continuada del comportamiento de los individuos. La publicidad comportamental busca estudiar las características de dicho comportamiento a través de sus acciones (visitas repetidas a un sitio concreto, interacciones, palabras clave, producción de conteni-*

dos en línea, etc.) para desarrollar un perfil específico y proporcionar así a los usuarios anuncios a medida de los intereses inferidos de su comportamiento.» (Dictamen 2/2010 2010).

Por otro lado, Francisco Pérez Bes, en su libro «La Publicidad comportamental online», define la OBA como *«aquella publicidad que se muestra durante una concreta navegación, por razón de la actividad online que se ha venido desarrollando durante un periodo de tiempo determinado, desde ese mismo navegador.»* (Pérez Bes 2012)

En este sentido, comparto la opinión que apunta Francisco Pérez Bes por la cual *«la indagación que caracteriza a la publicidad comportamental se refiere al rastreo de la actividad llevada a cabo por navegadores (a través de las cookies[3] instaladas en estos) que, efectivamente, estarán instalados en concretos terminales; pero no se refiere a la actividad desarrollada por un concreto usuario identificado. Así pues, cuando hablamos de*

---

[3] Cuya definición proporcionada por http://www.allaboutcookies.org es que «son pequeños archivos de texto, a menudo encriptados, que se ubican en los directorios del navegador. Los desarrolladores de páginas web los utilizan para permitir a sus usuarios navegar con más facilidad y desarrollar ciertas funciones. Debido a su papel central a la hora de aumentar e incluso permitir ciertos procesos de los distintos sitios web, desactivar las cookies puede hacer que los usuarios no utilicen ciertas páginas web.

Las cookies se crean cuando el navegador de un usuario carga una página concreta. Esta página envía información al navegador, que crea entonces un archivo de texto. Cada vez que el usuario regresa a la misma página, el navegador recupera este archivo y lo envía al servidor de la página. La página web que el usuario está visitando no es la única que crea las cookies, sino que también lo hacen otras webs que desarrollan anuncios, herramientas u otros elementos presentes en la página que está siendo cargada. Esas cookies regulan cómo deben aparecer los anuncios o el funcionamiento de las herramientas y otros elementos de la web.»

publicidad comportamental nos referimos a aquella publicidad online dirigida a un concreto navegador instalado en un terminal electrónico que, evidentemente, es utilizado por un usuario durante su navegación (Pérez Bes 2012).

Así, el interés mostrado por parte de los usuarios se incluye en un segmento de audiencia para que los *advertisers* puedan escoger un segmento de audiencia específico. Por ello, a modo de ejemplo, si un concreto usuario ha mostrado un interés por el segmento de «viajes», un anunciante dedicado a dicho sector puede crear un anuncio e insertarlo en las webs que visiten los usuarios incluidos en el segmento de audiencia de «viajes».

En este sentido, la OBA puede ser de primera parte o *first party*, en cuanto sea el propio publisher quien recoja y utilice la información de navegación de los accesos a su propio sitio web y/o aplicación con fines de publicidad comportamental. Por ejemplo, Facebook realiza una monitorización mediante su botón «Like». Así, cada vez un usuario visita un sitio web que contiene el botón «Like», Facebook es informado, aunque el usuario no haga click a dicho botón (European Network and Information Security Agency 2012).

En cambio, la OBA puede ser de tercera parte o *third party* cuando el *publisher* se asocia con una *ad network*, la cual recoge y utiliza la información de navegación de los usuarios que visitan alguno de los sitios webs o plataforma que participan en esa particular red publicitaria (Pérez Bes 2012).

Por último, existe el denominado *ISP online behavioural advertising*, por el cual los *ad networks* que se asocian con los ISP pueden potencialmente tener acceso a todo o prácticamente todo el tráfico de Internet de un usuario a medida que viaja a través de la infraestructura del ISP.

Estas empresas utilizan lo que se conoce como tecnología de «*deep packet inspection*» para recoger información de los consumidores mientras navegan por la web (Graham y Shelton 2011). Empresas como Phorm o NebuAd son las pioneras en este tipo de publicidad online (Democracy and Technology 2008).

Siguiendo a Francisco Pérez Bes, los elementos característicos de la OBA son:

a) El rastreo (o tracking) de la navegación de los usuarios;

Dicho rastreo se basa en la utilización de cookies o tecnologías similares en el terminal del usuario que permiten monitorizar su actividad online.

Concretamente, la tecnología que posibilita esta actividad son las denominadas cookies de rastreo o *tracking cookies*, las cuales permiten rastrear la navegación y el comportamiento de un usuario en todas aquellas páginas web en las que se muestre publicidad lanzada desde una misma *ad network*. Esto es posible gracias a las tecnologías de hipertexto que permite el protocolo HTML.

Sin embargo, otro tipo más específico de cookies que también se utilizan para realizar el rastreo de los usuarios son las denominados «supercookies», dentro de las cuales se encuentran las *flash cookies* o *local shared objects*, basadas en la tecnología *flash* (European Network and Information Security Agency 2012).

Estas cookies, con el soporte de la funcionalidad de Adobe Flash en un sitio web o plataforma, pueden ser usadas para registrar la configuración de los usuarios mediante la tecnología flash con el objetivo que esta configuración se mantenga cuando el usuario se vuelva a dirigir a un producto o servicio similar.

Las *flash cookies* se guardan en la carpeta flash del dispositivo electrónico del usuario y puede ser aplicado a todos los navegadores. En consecuencia, no son eliminados cuando el usuario desea eliminar las cookies de su navegador.

b) La elaboración de perfiles de navegación de dichos usuarios;

Conforme al Dictamen 2/2010, la segmentación de los perfiles de navegación se suelen clasificar en dos grandes grupos:

i. Perfiles deductivos o *predictive profiles*: Estos perfiles se obtienen deductivamente al observar la conducta online de un navegador concreto durante un periodo de tiempo mediante la monitorización de los sitios webs que se han visitado y observar qué acciones se llevaron a cabo durante esa sesión de navegación.
   Así, los *ad networks* configuran perfiles predictivos mediante una combinación de técnicas de rastreo, tecnologías con cookies u otros similares y programas de captura de datos. El sexo y la franja de edad pueden deducirse analizando las páginas que visita el usuario y los anuncios que lo atraen. El perfil basado en el análisis de las cookies almacenadas en el terminal del usuario puede complementarse con datos agregados deducidos del comportamiento de usuarios que muestran patrones similares de conducta en otros contextos. Los sistemas de publicidad en línea suelen clasificar a los usuarios en segmentos, según sus campos de interés o según categorías de comercialización (por ejemplo, «jardinería», «cuidado corporal», «electrónica», etc.).

ii. Perfiles explícitos o *explicit profiles*: Estos perfiles se elaboran a partir de aquella información, normalmente de carácter personal, que el propio usuario ha facilitado, tal y como ocurre en los casos de registro o alta en un determinado sitio web (Dictamen 2/2010 2010)

c) *La inserción de una determinada publicidad a un concreto navegador para que aparezca durante la navegación del usuario.*

Una vez se dispone de un perfil de navegación vinculado a un determinado navegador, los *advertisers* pueden dirigir publicidad de determinados productos o servicios a aquellos segmentos de audiencia que hayan mostrado, o de los que se haya deducido que tienen, un interés.

La particularidad de este tipo de tecnología publicitaria radica en que los *advertisers* pueden dirigir su publicidad a tales perfiles con independencia del contenido de la página web que visitada.

Como se verá en los capítulos siguientes, esta técnica de publicidad online tiene una serie de implicaciones a los derechos fundamentales de la intimidad y privacidad o protección de datos de los usuarios.

2.2.3 Search

Esta modalidad de publicidad online también utiliza la segmentación, en este caso por la búsqueda de palabras clave. Este tipo de publicidad online es el que comúnmente aparece al realizar búsquedas utilizando motores de búsqueda.

Así, los *advertisers*, mediante este servicio, contratan unas determinadas palabras clave (en inglés, *keywords*) por el cual, cuando los usuarios realicen una búsqueda a través de un motor de búsqueda en específico (siendo Google, Yahoo! y Bing los motores de búsqueda con mayor cuota de mercado), la publicidad de estos *advertisers* aparecerán de manera destacada en los resultados de la búsqueda. Esta publicidad es lo que se conoce como enlaces patrocinados, mientras que los demás resultados obtenidos por la búsqueda realizada por el usuario son los resultados naturales (ver Anexo V) .

La principal herramienta utilizada para esta técnica de publicidad es Google AdWords, que es la plataforma publicitaria de Google por la cual los *advertisers* pueden realizar pujas por determinadas *keywords* con el objetivo de que sus anuncios puedan aparecer de manera automática en las primeras posiciones de Google o en otras plataformas externas.

Así, las palabras clave pueden activar los anuncios de los *advertisers* para que aparezcan junto a los resultados de búsqueda de Google y en otros sitios de búsqueda. Sin embargo, también pueden activar los anuncios para que se muestren en otros sitios en Internet, por ejemplo, en sitios propiedad de Google como YouTube, y en sitios de socios de Google como http://www.nytimes.com/ o http://www.families.com/. Estos sitios se conocen como «ubicaciones». Una ubicación puede ser todo un sitio web, o bien una parte del mismo. Y todos estos sitios web forman parte de lo que Google denomina la *Red de Display*, la cual define como «*un conjunto de más de un millón de sitios web, vídeos y aplicaciones en los que pueden aparecer sus anuncios. Los sitios de esta red se han asociado con Google para mostrar anuncios de AdWords relevantes*» (Google Inc. 2013).

Así, Google y los otros motores de búsqueda pueden determinar automáticamente dónde aparecen los anuncios de los *advertisers* relacionando sus palabras clave con sitios web de la *Red de Display*. Por otro lado, si los *advertisers* desean controlar los sitios en los que aparecen sus anuncios, pueden seleccionar ubicaciones específicas, estableciendo ofertas concretas para cada uno.

Por último, desde el punto de vista de los datos empleados para la segmentación, el elemento básico es la *keyword* empleada por el usuario para llevar a cabo la búsqueda. El motor de búsqueda, por su parte, procesará información adicional del navegador utilizado por el usuario y se le instalarán cookies que permitan almacenar las preferencias de búsqueda de dicho usuario y, en su caso, obtener datos estadísticos.

2.2.4 Publicidad Contextual

La publicidad segmentada contextual basada en palabras clave (*keyword related contextual targeting*) es aquella publicidad que aparece junto al contenido de una página web ya que la misma guarda relación con la concreta publicidad que se está mostrando. También cabe la posibilidad que una aplicación que el usuario se haya descargado en el cual se le muestran ofertas relacionada con sus búsquedas realizadas en Internet. Este tipo de aplicaciones suelen llamarse asistentes de compra o *shopping assistants*.

Como sucedía con la publicidad *search*, los *advertisers* han contratado una serie de *keywords* a las que ha vinculado con determinados anuncios. De esta manera, en aquellos casos en los que un usuario realice consultas a través de un motor de búsqueda, o bien esté visitando diferentes sitios webs que se correspondan a una temática en concreto (por ejemplo, hoteles), esa publicidad aparecerá de manera automática.

Los *advertisers* utilizan esta técnica de publicidad para alcanzar a determinados consumidores en un momento que consideren propicio, ya que el usuario se encuentra buscando activamente o visitando sitios webs de una temática presumiblemente relacionada con sus intereses actuales. Por ello, al usuario se le muestra una determinada publicidad presumiendo su relevancia a la vista de que puede estar relacionado con el tema de su búsqueda.

Sin embargo, este tipo de publicidad no es tan preciso como el *Search*, ya que por el hecho de que el usuario emplee una palabra concreta al realizar sus búsquedas o esté accediendo a diversos sitios webs de una determinada temática no implica necesariamente que esté efectivamente interesado en los productos o servicios relacionados con ella.

Por último, la información para llevar a cabo este tipo de prácticas proviene del contenido de las propias páginas web, y como tales, no utilizan ninguna información de carácter personal del usuario que permita su efectiva identificación.

Es más, el mismo anuncio se mostraría a cualquier otro usuario que visite esa misma página web sin, en principio, discriminar entre sus visitante en función de su navegación previa por Internet.

2.2.5 Publicidad Personalizada

La publicidad personalizada se basa en características conocidas del usuario, tales como sus datos demográficos (país, edad, sexo, etc.) u otros datos que el propio usuario haya podido facilitar de manera voluntaria.

La publicidad que se muestra en un determinado sitio web o servicio (correo electrónico, red social y cualquier otro de subscripción) que el usuario haya tenido que registrarse previamente para poder acceder al mismo es un claro ejemplo de publicidad personalizada.

En estos casos, es habitual que los usuarios no solo faciliten datos de carácter personal, sino también datos relativos a sus intereses personales, lo cual permite a los prestadores dirigir publicidad relacionada con los intereses que el usuario ha puesto en conocimiento de una manera libre y voluntaria.

A modo de ejemplo, cabe destacar los nuevos anuncios que los usuarios de los servicios de correo electrónico Yahoo! y Gmail reciben. Respecto a este último, y a raíz de una reciente actualización a la nueva bandeja de entrada, tal y como se muestra en los Anexos VI y VII.

Tal y como se explica directamente en la página web de Google en relación con los anuncios en Gmail, éstos *«están relacionados con el contenido de tu cuenta de Google. Nuestro objetivo es ofrecer a los usuarios de Gmail anuncios que resulten útiles y relevantes según sus intereses»* (Google Inc. 2013).

Este nuevo sistema de proveer anuncios por parte de Google a sus usuarios, implantado con la nueva bandeja de entrada de Gmail, ha sido ampliamente criticado, ya que Google accede a los correos electrónicos de sus usuarios para poder ofrecer dichos anuncios. Incluso uno de los competidores más directos de Google, Microsoft ha lanzado recientemente el sitio web http://www.scroogled.com/email/, según el cual explica cómo Google envía spam a sus usuarios mediante la inserción de anuncios en sus bandejas de entrada en lugar de protegerlos contra el spam. Asimismo, Microsoft alega que Google viola la privacidad de los usuarios mediante la lectura de cada palabra de cada correo electrónico enviado a y desde sus cuentas de Gmail (Saxen 2013).

Por otro lado, el director de la Oficina de Defensa del Consumidor en Estados Unidos, John M. Simpson también considera que Google ha realizado un reconocimiento de su escaso cuidado por la privacidad. *«Por fin Google ha admitido que no respetan la privacidad»*, dice. Además, el sitio web de la organización aclara que: *«La gente deberían tomarles la palabra. Si te importa la privacidad de tu correspondencia no uses Gmail»* (Jímenez Cano 2013).

2.2.6 Publicidad Geo-Targeting

Este tipo de publicidad online consiste en mostrar una concreta publicidad a los usuarios que accedan a un determinado sitio web o bien tengan instalado una determinada aplicación informática dependiendo de la zona geográfica específica desde el cual el concreto terminal del usuario se esté conectando a Internet (país, región, ciudad, etc.).

Este sistema se basa generalmente en el reconocimiento de la dirección *Internet Protocol* (IP por sus siglas en inglés) adjudicada al dispositivo desde el cual se esté accediendo a Internet, lo cual permite que cuando un usuario visite una determinada página web que disponga de tecnología de geolocalización, pueda identificarse el área geográfica desde la cual se está accediendo.

De este modo, los *advertisers* pueden, por ejemplo, mostrar publicidad en alemán si los usuarios acceden desde Alemania a un sitio web de ámbito internacional, o excluir a determinados visitantes de publicidad relativa a productos o servicios únicamente disponibles en un concreto ámbito geográfico.

Sin embargo, y dado que las autoridades europeas de protección de datos vienen considerando las direcciones IP como datos de carácter personal, se derivan unas estrictas obligaciones en materia de protección de datos cuyo cumplimiento es necesario antes de acceder y tratar dichos datos, dado que se realiza un tratamiento de datos de los usuarios mediante las direcciones IP proporcionados por parte las operadoras para mostrar este tipo de publicidad.

2.3 Modelos de Campañas Publicitarias

Una vez determinado el tipo de publicidad online que se va a dirigir a los usuarios, es indispensable que el *advertiser*, el *publisher* y/o el *ad network* escojan el modelo de campaña para llevar a cabo la distribución de dicha publicidad online.

Por ello, actualmente los principales modelos de campañas publicitarias son:

1. ***Cost per Click* (CPC) o *Pay per Click* (PPC):** Este modelo se basa en que el *advertiser* paga por sus anuncios un precio basado en el número de clicks que se hagan en el concreto anuncio.
   Este modelo se emplea ampliamente en los motores de búsqueda. Por ello, este modelo es de aplicación para aquellos *advertisers* que publican sus anuncios mediante Google AdWords, Microsoft Adcenter o Yahoo! Search Marketing, entre otros.
2. ***Cost Per Mille* (CPM):** Este modelo consiste en la publicación de la publicidad online (típicamente en el formato de *banners*) y cobrar al *advertiser* por ello según el número de veces que los usuarios visualizan dicho *banner* por cada 1.000 impresiones.
3. ***Cost Per Action* (CPA) o *Cost Per Lead* (CPL):** En este modelo, el *advertiser* paga al *publisher* cuando el usuario realiza una determinada acción, como puede ser prestar sus datos personales y completar un proceso de registro en un sitio web. En la mayoría de

estos casos, el anuncio publicitario se realiza orientado a los intereses mostrados por el usuario mediante sus búsquedas o por su navegación web.

2.4 Futura Evolución de la publicidad online

Una vez identificados los principales tipos de publicidad online existentes en la actualidad, este apartado pretende indicar algunas tendencias futuras (algunas de ellas ya presentes) en la cual la publicidad online evolucionará y será mostrada a los usuarios.

Estos nuevos métodos de publicidad online deberán ser conformes al marco jurídico que se explicará en el apartado 3.

2.4.1 Social Network Advertising

Con el auge de las redes sociales, los *advertisers* ven una gran oportunidad tanto en el momento actual como en el futuro para promocionar sus productos y servicios a través de las redes sociales. En este sentido, según go-gulf.com, se estima que los beneficios de la publicidad realizada a través de las redes sociales alcanzará en 2013 un total de 10,24 mil millones de dólares, mientras que para el 2014 se estima que esta cifra aumente a los 11,87 mil millones de dólares (GO-Gulf.com 2005-2013).

Asimismo, según esta misma fuente, el 64% de los *advertisers* tienen previsto incrementar su presupuesto para el social media advertising a lo largo del año 2013, y que este tipo de publicidad representará el 18,5% del total del presupuesto de marketing el año 2017.

Por su parte, la mayor red social del mundo, Facebook, con un total de 1,15 mil millones de usuarios en el mundo, declara haber obtenido durante el Q2 del año 2013 un total de ingresos de 1,81 mil millones de dólares, de los cuales el 88% se debe a la publicidad a través de su plataforma. Por otro lado, Facebook también ha enfatizado, y en relación con el apartado que prosigue, que la publicidad mobile supone un 41% del total de beneficios obtenidos a través de la publicidad (Melanson 2013).

En cuanto al Q3 de 2013, Facebook ha obtenido un *revenue* de 2,02 mil millones de dólares, del cual un 49% proviene de la publicidad realizada a través de las plataformas móviles, lo cual supone un aumento del 14% del *revenue* generada a través de dichas plataformas respecto al Q3 de 2012. (Hof, Facebook Crushes Q3 Earnings Targets On Mobile Ad Strength, But Comments Spook Investors 2013). Subsecuentemente, los *advertisers*, destinan el 57% de su presupuesto para social media advertising para dirigir su publicidad a través de la publicidad de Facebook mediante su plataforma de Facebook Ads (Facebook 2013).

Por otro lado, Twitter es la red social que en la actualidad está creciendo a un ritmo más vertiginoso. Según un estudio de GlobalWebIndex, el número de usuarios activos en Twitter aumentó en un 40% del Q2 al Q4 de 2012, lo que equivale a un total de 288 millones de usuarios activos al mes. Esto equivale a un porcentaje de crecimiento de usuarios activos de un total del 714% desde Julio de 2009 (Globalwebindex 2013) y un 44% desde tal solo junio de 2012 a marzo de 2013 (Mason 2013).

En julio de 2013, dicha red social anunció que empezará a mostrar anuncios publicitarios diseñados individualmente mediante la información que recaban las *cookies*.

Así, Twitter permitirá a los *advertisers* adjuntar versiones anónimas de las direcciones de correos electrónicos de los usuarios, conocidos como hashes, para que el motor de publicidad de la firma apunte individualmente a su base de clientes (Weil 2013) (Reuters 2013).

2.4.2 Mobile

La IAB define el Mobile Advertising en su informe IAB *Internet advertising revenue report 2012 full year results*, de Abril 2013 como aquel marketing adaptado y mostrado a través de dispositivos móviles inalámbricos, como son los teléfonos inteligentes o *smartphones*, otros teléfonos (por ejemplo, los teléfonos móviles de gama baja con capacidad de acceso al contenido móvil), y las tabletas (iab. 2013).

Por lo general, la publicidad que se muestra vía móvil toma la forma anuncios estáticos o *rich media*, anuncios de texto de mensajería, anuncios de búsqueda, o anuncios de audio/vídeo, servicios de mensajería de texto (SMS, MMS) o en los resultados de búsqueda móvil (es decir, directorios o motores de búsqueda optimizadas para móviles).

Asimismo, la IAB explica en este mismo informe que el crecimiento del Mobile Advertising puede atribuirse a los siguientes factores:

1. El crecimiento de la penetración de dispositivos (teléfonos inteligentes y tabletas), liderado por Apple y Google;
2. La adopción de velocidades de conexión más rápidas, como el 4G, está alimentando mejoras de infraestructuras y de los propios dispositivos;
3. Mejora de las resoluciones de pantalla, los cuales permite introducir más anuncios en la pantalla móvil;

4. Aumento de la complejidad en la incorporación de los anuncios en las aplicaciones móviles y sitios web; (iab. 2013)

Según el grupo ZenithOptimedia, la publicidad mobile es, de lejos, el segmento de la publicidad online que está experimentado el crecimiento más rápido. Así, este grupo estima que la inversión publicitaria a través de las plataformas Mobile aumentará en un 67% en 2013 y a una media del 51% al año entre 2012 y 2015 motivado, principalmente, por la rápida adopción de smartphones y tabletas en todo el mundo (iProfesional 2013).

Este hecho está produciendo que se esté generando un modelo de negocio que únicamente se centra en el Mobile Advertising. A modo de ejemplo, están surgiendo diferentes *ad networks* que únicamente operan en este ámbito de la publicidad online.

Por su parte, en España, según el *Estudio de Inversión en Publicidad Digital* elaborado por IAB Spain del año 2012 (iabSpain 2012), la inversión en publicidad vía móvil alcanzó los 27 millones de Euros, lo que supone un 3,1% del total de inversión realizado en publicidad online, lo que supone un incremento del 68% con respecto al 2011.

Por lo que respecta a la Unión Europea, de acuerdo con el estudio de *Global Mobile Advertising Revenue: Display, Search, Messaging 2011 & 2012 Across Regions* (iab. mobile y iab.europe 2012), el total de beneficios generado por el Mobile Advertising aumentó en un 82,8% entre los años 2011 y 2012, generándose un beneficio total durante el 2012 de 6,889 millones de Euros (ver Anexo VIII)

Por último, el IAB *Internet advertising revenue report 2012 full year results* (iab. 2013) indica que en Estados

Unidos, el Mobile advertising generó unos ingresos totales de 3,4 mil millones de dólares durante el 2012, en comparación con los 1,6 mil millones de dólares del año 2011, lo que se traduce en un incremento del 111%. Estos beneficios representan un 9% del total de los beneficios generados por la publicidad online en Estados Unidos.

En este sentido, y a sabiendas del rápido crecimiento de este segmento, Twitter ha comprado recientemente la agencia de publicidad para móviles MoPub, por un total de 350 millones de dólares en acciones (Pozzi 2013).

2.4.3 Big Data

Con la actual disponibilidad de datos masivos que hay en Internet, conocido como «*Big Data*», hay que tomar en consideración que estos datos pueden combinarse con las técnicas de rastreo realizadas a los usuarios, con finalidades de ofrecer a los usuarios publicidad basado en su comportamiento online.

A través del Big Data, los *advertisers* y/o los *ad networks* pueden llevar a cabo de manera eficaz un re-targeting a los usuarios, por el cual cuando un usuario visita un sitio web que dispone de la tecnología re-targeting y lleva a cabo algún tipo de acción en ella (por ejemplo, haciendo click en uno de los anuncios insertados dentro el mismo sitio web), una cookie es instalada en el navegador que permite la monitorización del comportamiento del usuario en Internet a través de herramientas de analítica web. Ese perfil de usuario será entonces incluido en un nuevo segmento de visitantes efectivos, y cuando el usuario visite otro sitio web interconectada (ya sea, por ejemplo, que forme parte de la misma red publicitaria), ese mismo usuario será reconocido y por ello se le mostrará publicidad relacionada con su visita inicial.

Un ejemplo de publicidad basada en el *re-targeting* es el caso en que un usuario ha accedido a la página web de un *advertiser* y ha iniciado una compra online, añadiendo un producto en el carrito de compra, pero sin embargo la ha interrumpido. Así, esta modalidad de publicidad online permitiría al *advertiser* dirigir a ese mismo navegador, cuando vuelva a acceder a otra página web que forme parte de la misma red publicitaria, una publicidad relativa al producto por el cual el usuario mostró un interés durante su previa navegación. (Pérez Bes 2012)

Por otro lado, el Big Data conlleva principalmente el riesgo que, en aras a proporcionar una publicidad lo más precisa posible a un determinado usuario con la información que se dispone sobre el mismo (a través principalmente de la información proporcionada por las redes sociales acerca de su personalidad, gustos y necesidades) puede conllevar a la efectiva identificación de los usuarios. En mi opinión, habida cuenta de la falta de estudios, informes y recomendaciones respecto el fenómeno del Big Data, al ser muy novedoso y cambiante, no ha cobrado aún para las agencias de protección de datos u otros organismos equivalentes de los diferentes países la suficiente importancia, lo que está conllevando que éstos no hayan hasta el momento centrado sus esfuerzos en determinar cuáles son los principales riesgos que puede acarrear esta técnica, y lo que es más importante, resolver y proporcionar guías y soluciones a qué es lo que debe hacer la industria publicitaria para mitigar el impacto que tiene sobre los derechos de los usuarios en Internet. Sin embargo, el Big Data ya es un fenómeno en claro expansión, cuyas posibilidades son muy extensas.

2.4.4 Campañas de publicidad online basadas
en la «influencia social»

En junio de 2013 salió publicitada una noticia por la cual Yahoo! hacía publica una patente que registró ante la United States Patent and Trademark Office en diciembre de 2011 en la que detalla cómo los modelos de campaña de la publicidad online podrían basarse en la «influencia social» de los usuarios (Kelion 2013).

Así, Yahoo! sugiere que los *advertisers* podrían pujar uno contra el otro para dirigir sus anuncios a aquellos usuarios que tengan un alto grado de influencia entre sus compañeros.

Sugiere además que la puntuación podría basarse en el número de seguidores que tiene un usuario en las redes sociales y el número de veces que se mencionan en los mensajes de los demás.

2.4.5 Google Glass

Aunque de inicio Google ha establecido que las Google Glass no van a poder servir o incluir anuncios mediante los Google Mirror API Terms of Service (Google.Inc 2013), lo cierto es que recientemente la United States Patent and Trademark Office ha otorgado a Google una patente para un dispositivo de tracking que comprende gafas («*the head mounted gaze tracking device comprises eyeglasses*») por la cual se cobraría a los *advertisers* de acuerdo con el número de veces un usuario visualice a una determinada publicidad.

Asimismo, la patente indica que la tecnología sería capaz de leer la respuesta emocional de un usuario para el anuncio «basándose al menos en parte, de la información de dilatación de la pupila.»

Por otro lado, la Comisión Europea ha indicado que las Google Glass podrían plantear cuestiones importantes en materia de protección de datos, relativas, entre otras, con el tratamiento de datos personales relativos a individuos captados e identificados a través de la cámara integrada. En este sentido, las diferentes autoridades de protección de datos de la UE expresaron su preocupación en una carta conjunta con las autoridades de terceros países a Google. (Agencia Española de Protección de Datos 2013)

Así, la Comisión Europea ha manifestado que para poder ser comercializadas en la Unión Europea en un futuro, las Google Glass y sus aplicaciones deben dar cumplimiento a la Directiva sobre protección de datos (95/46/CE) y la Directiva sobre privacidad (2009/136/CE).

Por último, la Comisión Europea hace hincapié en que la propuesta de la Comisión de Reglamento de Protección de Datos será plenamente aplicable a las Google Glass, dado que determina explícitamente el principio de minimización de los datos, así como la obligación de los controladores para la aplicación de los principios de protección de datos por diseño (conocido en inglés como *privacy by design*). (Reding 2013)

2.5 La publicidad online y los usuarios

Por todo lo indicado hasta ahora, es evidente que el negocio de la publicidad online está en auge, y su papel en el presente y en el futuro se puede considerar como clave. Sin embargo, es importante conocer cuál es la opinión de los sujetos a quienes esta publicidad online se dirige: los usuarios.

Así, una reciente encuesta elaborada por la Digital Advertising Aliance de abril 2013 (Digital Advertising Alliance 2013)[4] (en adelante y por sus siglas en inglés «DAA») llega a las siguientes conclusiones:

1. Un 92% de los estadounidenses piensan que el contenido libre y gratuito en Internet, como son las noticias, el tiempo, blogs, etc. es el valor global más importante de Internet;
2. Un 75% de los estadounidenses prefieren aquel contenido que es gratuito pero sufragado a través de la publicidad online que aquel contenido que es de pago en el que no contiene publicidad online;
3. Un 41% por ciento de los usuarios piensan que los obstáculos a la publicidad online de los navegadores resultará en un menor acceso a contenido gratuito;
4. Un 68% por ciento prefiere tener al menos algunos anuncios en Internet dirigido a sus intereses.
5. Finalmente, un 47% de los usuarios se opondría a una hipotética ley que restrinja cómo se utilizan los datos para la publicidad en Internet, pero también, potencialmente, reduciría la disponibilidad de contenido libre. Este porcentaje contrasta con sólo el 22% que apoyaría esta hipotética ley.

Por su parte, el documento *Consumers driving the digital uptake: The economic value of online advertising- based services for consumers*, elaborado por IAB Europe, de setiembre de 2010, concluye que la publicidad online genera un beneficio para los consumidores del orden de 100 mil millones de

[4] La DAA es un consorcio de los principales grupos comerciales de marketing y publicidad de Estados Unidos que, juntos, brindan soluciones eficaces de autorregulación en asuntos de consumo en línea http://www.aboutads.info/associations

Euros durante el año 2010 tanto en EE.UU. y los países de Europa. Concretamente, este excedente es de cerca de 40 Euros al mes por hogar (iab.Europe 2010).

Por otro lado, y como parte de este libro, se ha realizado una encuesta (ver Anexo IX) a un total de 40 usuarios, cuyos resultados a destacar son los siguientes:

1. Un 75% de los encuestados dicen ser conscientes que su navegación puede ser monitorizada. En cambio, el 82,50% dicen no conocer cómo se realiza dicha monitorización, mientras que el 62,50% dice desconocer los motivos por los cuales se realiza.
2. En esta línea, el 62,50% dicen no conocer (algunos encuestados no respondieron a esta pregunta) la opción de navegación privada, el 75% afirman (algunos encuestados no respondieron a esta pregunta) no usar la navegación privada o ninguna extensión para evitar el tracking de su actividad online.
3. En cambio, el 85% manifiesta que le preocupa que las *ad networks* puedan crear perfiles muy explícitos sobre ellos/as.
4. Únicamente un 46,67% respondió que la publicidad online a través de medios digitales les resulta más relevante que la publicidad a través de los métodos tradicionales (televisión, periódicos, revistas, radio, etc.)
5. Finalmente, y en línea con la encuesta elaborada por la Digital Advertising Alliance de abril 2013 (Digital Advertising Alliance 2013), un 75% de los encuestados prefieren que los servicios ofrecidos en Internet sean gratuitos y sufragados por la publicidad online a tener que pagar por dichos servicios por no tener publicidad.

Así pues, gracias a esta encuesta se puede extraer, a mi juicio, las siguientes conclusiones:

1. Los usuarios realmente no están informados adecuadamente de que su navegación puede ser rastreada, por lo que no pueden tomar una decisión informada sobre si quieren que su navegación sea rastreada o no, y en el caso que no quieran, como evitarlo. Este hecho constituye uno de los principales temas a tratar en los capítulos siguientes;

2. A pesar de ello, a los usuarios les preocupa que su información sea utilizada con fines de publicidad online, pero sin embargo hay una aceptación generalizada de ello a cambio que los servicios prestados en Internet sean gratuitos y sufragado por la publicidad online.

3. No hay un consenso al respecto de si la publicidad online resulta más relevante de cara a los usuarios con respecto a la publicidad tradicional, cosa que parece indicar que, hasta el momento, la publicidad online puede resultar inefectiva.

3. MARCO LEGAL DE LA PUBLICIDAD ONLINE

Tal y como se ha venido anunciando, la publicidad online (y más en específico, la OBA) afecta a los derechos de la intimidad o privacidad y la protección de datos de los usuarios.

Por ello, el legislador ha tratado de conciliar los intereses de los *advertisers* y demás partes implicadas en la publicidad online con los derechos de los usuarios a través del desarrollo de una serie de normas que regulen el uso de las cookies y tecnologías similares utilizados por parte de la industria.

Asimismo, la propia industria de la publicidad online ha venido desarrollando diferentes códigos de buenas prácticas e iniciativas de autorregulación que son aplicables a las actividades publicitarias que pueden afectar a la intimidad o privacidad y protección de datos de los usuarios. De este modo, dentro del marco legal de la publicidad online se puede diferenciar entre (i) regulaciones legales a través de leyes y directivas, y (ii) iniciativas de autorregulación.

En este apartado se abordará, tanto desde la perspectiva de las regulaciones legales e iniciativas de autorregulación, en primer lugar, el marco legal actual de la publicidad online, en especial de la OBA, de la Unión Europea, y concretamente, cómo la normativa comunitaria cómo ha afectado a la regulación en el ordenamiento jurídico español. Y en segundo lugar, se abordará el marco legal de la publicidad online en Estados Unidos.

3.1 Unión Europea

3.1.1 Normativa Comunitaria

Desde un punto de vista legislativo, la regulación de los aspectos relativos a la publicidad online y a la OBA se encuentra en la *Directiva 2002/58/CE del Parlamento Europeo y del Consejo, de 12 de julio de 2002, relativa al tratamiento de los datos personales y a la protección de la intimidad en el sector de las comunicaciones electrónicas* (en adelante, «Directiva 2002/58/CE») (Directiva 2002/58/CE 2002). Así, en su Considerando 24, se reconoce que tanto los equipos terminales como toda la información almacenada en dichos equipos forman parte de la esfera privada de los usuarios.

Específicamente, el redactado original del artículo 5.3 de dicha Directiva preveía la licitud de la utilización *«de las redes de comunicaciones electrónicas con fines de almacenamiento de información o de obtención de acceso a la información almacenada en el equipo terminal de un abonado o usuario a condición de que se facilite a dicho abonado o usuario información clara y completa, en particular sobre los fines del tratamiento de los datos, con arreglo a lo dispuesto en la Directiva 95/46/CE»*. Por su parte, dicha disposición no impedía *«el posible almacenamiento o acceso de índole técnica al solo fin de efectuar o facilitar la transmisión de una comunicación a través de una red de comunicaciones electrónicas, o en la medida de lo estrictamente necesario a fin de proporcionar a una empresa de información un servicio expresamente solicitado por el usuario o el abonado.»*

Sin embargo, y con la entrada en vigor de la *Directiva 2009/136/CE del Parlamento Europeo y del Consejo, de 25 de noviembre de 2009, por la que se modifican la Directiva 2002/22/CE relativa al servicio universal y los derechos de los usuarios en relación con las redes y los servicios de comunicacio-*

nes electrónicas, la Directiva 2002/58/CE relativa al tratamiento de los datos personales y a la protección de la intimidad en el sector de las comunicaciones electrónicas y el Reglamento (CE) n o 2006/2004 sobre la cooperación en materia de protección de los consumidores (en adelante, «Directiva 2009/136/CE»), la mencionada disposición fue sustituida por el texto siguiente:

«Los Estados miembros velarán por que únicamente se permita el almacenamiento de información, o la obtención de acceso a la información ya almacenada, en el equipo terminal de un abonado o usuario, a condición de que dicho abonado o usuario haya dado su consentimiento después de que se le haya facilitado información clara y completa, en particular sobre los fines del tratamiento de los datos, con arreglo a lo dispuesto en la Directiva 95/46/CE. Lo anterior no impedirá el posible almacenamiento o acceso de índole técnica al solo fin de efectuar la transmisión de una comunicación a través de una red de comunicaciones electrónicas, o en la medida de lo estrictamente necesario a fin de que el proveedor de un servicio de la sociedad de la información preste un servicio expresamente solicitado por el abonado o el usuario.» (Directiva 2009/136/CE 2009).

Esta nueva disposición añade un grado más de exigencia, ya que en la práctica implica que las partes intervinientes en la publicidad online, para poder instalar cookies u otros dispositivos similares en los terminales de los usuarios con fines de monitorización, deben obtener de manera previa el consentimiento del usuario después de haberle facilitado información clara y completa al respecto. El Grupo de Trabajo del Artículo 29 se refiere a esta exigencia como el «consentimiento informado».

En concreto, en su *Dictamen 2/2010*, el Grupo de Trabajo del Artículo 29 infiere que el consentimiento dado por el usuario debe ser previo e informado, al indicar que: *«Del enunciado literal del artículo 5, apartado 3, se infiere que: i) el consentimiento debe obtenerse* antes *de instalar el cookie o reco-ger la información almacenada en el equipo terminal, lo que normalmente se entiende como consentimiento previo y que ii) el consentimiento fundamentado solo puede obtenerse si se ha dado al usuario información previo sobre el envío y el cometido del cookie. En este sentido, es importante considerar que, para que el consentimiento sea válido en cualquier circunstancia en que se dé, debe ser concreto y libremente dado y constituir una indicación informada de los deseos del usuario. El consentimiento debe obtenerse antes de recoger los datos personales como medida necesaria para garantizar que las personas objeto de los datos sean conscientes de que consienten y de aquello a lo que dan su consentimiento. Además, el consentimiento debe ser re-vocable.*»

Por su parte, el *Dictamen 16/2011 sobre la recomendación de mejores prácticas de EASA/IAB sobre publicidad comporta-mental en línea* (en adelante, «Dictamen 16/2011») del mismo Grupo de Trabajo del Artículo 29 también establece que el consentimiento debe ser «fundamentado». En este sentido, explica el Dictamen 16/2011 que aplicado a la práctica «*esto significa que el usuario debe haber dado su con-sentimiento para que se almacene información o se acceda a la información almacenada en su equipo terminal tras haber sido informado con claridad y en detalle de conformidad con la Di-rectiva 95/46/CE, entre otras cosas, sobre los fines del trata-miento de los datos. Por tanto, para cumplir la legislación, el correspondiente aviso informativo debe suministrarse directa-mente al usuario de forma clara y comprensible antes de que los datos sean tratados. No basta que la información esté «disponi-ble» en algún punto del sitio web que el usuario visita* (Dicta-men 16/2011 2011).»

En este sentido, el Grupo de Trabajo del Artículo 29 publicó el *Working Document 02/2013 providing guidance on obtaining consent for cookies,* de fecha 2 de octubre de 2013 (en adelante, el «Working Document 02/2013»), por el cual facilita la interpretación que ofrece en materia de información y consentimiento relacionados con la instalación y/o utilización de cookies de forma lícita y armonizada, ofreciendo varios consejos para interpretar la Directiva 2009/136/CE, el *Dictamen 15/2011 sobre la definición del consentimiento*, de 13 de julio de 2011, (en adelante, el «Dictamen 15/2011») el *Dictamen 4/2012 sobre la exención del requisito de consentimiento de cookies*, de fecha 7 de junio de 2012 (en adelante, el «Dictamen 4/2012») y el Dictamen 2/2010.

Concretamente, el Working Document 02/2013 establece los siguientes requisitos para que el consentimiento otorgado por el usuario en materia de cookies pueda considerarse como válido:

1. **Información específica (*Specific Information*):** Para ser válido el consentimiento, el Grupo del Trabajo del Artículo 29 indica que éste debe ser específico y estar basado en información apropiada.

   Así, el mecanismo para otorgar el consentimiento deberá presentar un aviso claro, completo y visible sobre el uso en el momento y lugar en el que debe solicitarse el consentimiento (por ejemplo, al inicio de la navegación del usuario).

   Al acceder al sitio web, dicha información debe ser accesible en todo momento, el cual deberá incluir información sobre el uso de las cookies y, en su caso, respecto el uso de las cookies de terceros y acceso de terceros a la información almacenada. Asimismo, los usuarios también deben estar informados sobre las formas en que pueden expresar sus deseos respecto las cookies, es decir, cómo pueden aceptar todas, algunas o ninguna de las cookies y cómo cambiar esta preferencia en el futuro.

2. **Momento de instalación de las cookies (Timing):** Para ser válido el consentimiento, éste debe ser previo al inicio del tratamiento de los datos.

   Específicamente, indica el Grupo de Trabajo del Artículo 29 que esto significa que el consentimiento debe ser otorgado de manera previa a que cualquier cookie sea instalada o leída.

3. **Comportamiento activo (Active behaviour):** Para ser válido el consentimiento, éste debe ser inequívoco, por el cual no debe haber ninguna duda acerca de la intención del usuario. Asimismo, para ser válido, el consentimiento deberá haber sido manifestado mediante una indicación activa de la intención del usuario.

   En este sentido, el Grupo de Trabajo del Artículo 29 admite distintas modalidades para presentar la información («*Tools to obtain consent may include splash screens, banners, modal dialog boxes, browser settings, etc.*»), pero exige que el sitio web sea capaz de determinar de manera inequívoca que el usuario ha prestado su consentimiento específico e informado sobre el uso de las cookies a través de un comportamiento activo (concretamente, habla de que el usuario haga click a un enlace, casilla o espacio donde se presenta la información, o cualquier otro comportamiento activo por parte del usuario por el cual se pueda determinar de manera inequívoca).

   Más específicamente, el Grupo de Trabajo del Artículo 29 entiende un comportamiento activo como una acción trazable entre el usuario y el sitio web, como hacer clic en un enlace, imagen o contenido en la página web de entrada, etc.

Así, si el usuario entra en el sitio donde se le ha mostrado información sobre el uso de cookies, pero sin embargo no ha iniciado un comportamiento activo, sino que simplemente se queda en la página de entrada sin ningún comportamiento activo adicional, es difícil argumentar que el consentimiento ha sido dado de manera inequívoca.

Por último, la información debe estar presente en el sitio web y no desaparecer hasta que el usuario haya expresado su consentimiento.

4. **Elección libre (*Freely given*)**: El consentimiento únicamente podrá ser válido en el caso que el usuario pueda ejercer una elección real y sin riesgo de engaño, intimidación, coacción o consecuencias negativas significativos en el caso que no preste su consentimiento.

Así, la elección del usuario respecto la aceptación o no de la instalación de algunas, todas o ninguna cookie debe ser cierta. Concretamente, el usuario debe tener la posibilidad aceptar o rechazar algunas de las cookies, y no solo la totalidad. Además, el editor del sitio web podrá limitar el acceso a los contenidos específicos (definido en la Directiva 2002/58/CE como «*specific website content*») a los que el usuario no pudiera acceder por no haber consentido, no siendo admisible la limitación al acceso general a los contenidos del sitio web.

Por último, resalta el Dictamen 2/2010 que si a resultas de la colocación y recuperación de información mediante *cookies* u otras tecnologías similares, la información recogida pueden considerarse datos personales, será aplicable, además del artículo 5, apartado 3 de la Directiva 2002/58/ CE (modificada por la Directiva 2009/136/CE) la *Directiva 95/46/CE del Parlamento Europeo y del Consejo, de 24 de oc-*

tubre de 1995, relativa a la protección de las personas físicas en lo que respecta al tratamiento de datos personales y a la libre circulación de estos datos (en adelante, la «Directiva 95/46/CE») (Directiva 95/46/CE 1995)

En este sentido, el Grupo de Trabajo del Artículo 29 destaca en dicho Dictamen 2/2010 que la OBA implica frecuentemente el tratamiento de datos de carácter personal por las siguientes razones:

i) La OBA implica normalmente la recogida de direcciones IP y el tratamiento de identificadores únicos mediante las cookies, los cuales permiten *««aislar» a los usuarios, aun desconociéndose sus nombres verdaderos»*;

ii) La información recogida en el contexto de la OBA hace referencia a características o comportamiento de un individuo y es utilizada para influir a dicha persona concreta. Así, y según el Dictamen 2/2010, *«Esta opinión se confirma cuando se tiene en cuenta la posibilidad de que los perfiles se vinculen en todo momento con información directamente identificable proporcionada por los usuarios, como la información aportada en el registro. Otras situaciones que pueden llevar a la posibilidad de identificación son las fusiones, los extravíos de datos y la creciente disponibilidad en internet de datos personales combinados con direcciones IP.»*

3.1.2 Autorregulación

Además de la normativa europea, es necesario remarcar las iniciativas de autorregulación promulgadas por la propia industria con el objetivo de establecer unas normas de conducta para que quienes se adhieren a ellos se comprometan a seguirlas en beneficio de los derechos de los usuarios. Por otro lado, dichas iniciativas pretenden servir para educar e informar a los usuarios sobre el funcionamiento de la publicidad online basada en los usos de la navegación web.

Así, en el marco de la Unión Europea, con fecha 13 de abril de 2011, la European Advertising Standards Alliance (EASA, por sus siglas en inglés), en conjunto con IAB Europe, adoptaron y publicaron tanto el *EASA Best Practice Recommendation on Online Behavioural Advertising* (European Advertising Standards Alliance 2011) junto con el código deontológico *IAB Europe EU Framework for Online Behavioural Advertising* (iab.Europe 2011).

El objetivo perseguido por ambos documentos es el de establecer los estándares de autorregulación aplicables a la industria europea de OBA. Asimismo, y a través de la autorregulación, se pretende incrementar la protección de la privacidad de los usuarios, basándose en seis principios:

i.   Aviso;
ii. Elección del usuario;
iii. Seguridad de los Datos;
iv. Segmentación de datos sensibles;
v.   Cumplimiento y aplicación;
vi. Revisión.

Dicha iniciativa se acompañó de la elaboración del sitio web http://www.youronlinechoices.eu, donde se ofrece información acerca del concepto y funcionamiento de la OBA de cara al usuario, de las cookies y de las medidas que los usuarios tienen a su disposición para proteger su privacidad online. En este sentido, el usuario puede expresar su negativa a que su navegación online sea monitorizada con finalidades de OBA, por la cual se le instalará una cookie «de autoexclusión». Gracias a esta cookie, las *ad networks* pueden registrar la negativa del usuario a seguir participando en la OBA.

Sin embargo, esto implica que se use una cookie para evitar cookies, lo cual implica que si el usuario decide eliminar las cookies de su navegador, también se borra la cookie de autoexclusión. En este sentido, creo que esta solución no es eficaz.

Asimismo, a través del principio de Aviso se establece la obligación que se muestre un aviso destacado en aquellos anuncios y sitios webs en las cuales se emplee la OBA, la cual deberá realizarse a través del «OBA Icon» que proporcione la industria, y que al hacer click enlace con el sitio web http://www.youronlinechoices.eu. En este sentido, la European Interactive Digital Advertising Alliance (EDAA por sus siglas en inglés) tiene encargado en la actualidad a las empresas Evidon y TRUSTe como proveedores del «OBA Icon» (European Interactive Digital Alliance 2012-2013).

Sin embargo, el Grupo de Trabajo del Artículo 29, en su Dictamen 16/2011, indicó claramente que *«la observancia del Código EASA/IAB sobre publicidad comportamental en línea y la participación en el sitio web www.youronlinechoices.eu no equivalen al cumplimiento de la actual Directiva sobre privacidad en las comunicaciones electrónicas. Además, el Código y el sitio web crean la falsa idea de que es posible optar por no ser objeto de seguimiento mientras se navega en internet. Esta falsa idea puede ser perjudicial para los usuarios, pero también para el sector si se cree que, al aplicar el Código, se cumplen los requisitos de la Directiva* (Dictamen 16/2011 2011).

Específicamente, el Dictamen indica que *«en el contexto actual y teniendo en cuenta la actual falta de datos y sensibilización por parte de los usuarios de internet respecto a la publicidad comportamental, la solución del icono no basta por sí misma para informar debidamente a los usuarios sobre el uso de cookies en el sentido del apartado 3 del artículo 5»*. Principalmente, el Dictamen apunta a las siguientes razones por las cuales el Código EASA/IAB no cumple con la Directiva 2002/58/CE:

a) El usuario medio no puede reconocer el significado subyacente del icono sin que se explique verbalmente.

b) El mero uso de la palabra «publicidad» junto al icono no basta para informar al usuario de que el anuncio publicitario utiliza cookies a efectos de OBA. El texto debería incluir, como mínimo, la expresión «Publicidad personalizada».

c) El icono puede servir como información adicional y recordatorio después de que el usuario haya dado su consentimiento al tratamiento de sus datos para fines de OBA. Sin embargo, como se ha comentado, dicha información debe ser provista en el momento anterior a que el usuario dé su consentimiento.

d) El icono y el sitio web www.youronlinechoices.eu no dan información precisa y fácilmente comprensible sobre los distintos responsables (*ad networks*) y los objetivos del tratamiento, el Código y el sitio web no cumplen los requisitos establecidos en la Directiva revisada sobre privacidad en las comunicaciones electrónicas.

e) El Código EASA/IAB, en lugar de buscar el consentimiento de los usuarios, dice ofrecer una fórmula para «elegir», pero, de hecho, permite elegir darse de baja, ya que ofrece al usuario la posibilidad de oponerse a que sus datos sean recogidos y tratados para fines de publicidad comportamental en línea. Esta «opción» no es coherente con el artículo 5, apartado 3, de la Directiva revisada sobre privacidad en las comunicaciones electrónicas, ya que los datos son efectivamente tratados sin consentimiento del usuario y sin proporcionarle información antes de que se produzca el tratamiento. Por tanto, la observancia del Principio II no satisface el requisito establecido en la Directiva revisada sobre privacidad en las comunicaciones electrónicas. (Dictamen 16/2011 2011)

Con respecto a elección del usuario que se puede realizar a través del indicado sitio web, el Dictamen indica que *«aparte de seguir un enfoque de autoexclusión voluntaria y, por tanto, incumplir el requisito de consentimiento fundamentado previo que se contempla en el artículo 5, apartado 3, de la Directiva sobre privacidad en las comunicaciones electrónicas, presenta los siguientes problemas»*:

a) Aunque la cookie de autoexclusión impide la recepción de publicidad personalizada, no impide a la red publicitaria obtener y almacenar información en el terminal del usuario. Por el contrario, se ha demostrado que tras la instalación del cookie de autoexclusión, se mantiene un intercambio técnico de información entre el equipo terminal y la red publicitaria.

b) No se informa al usuario de si el cookie de seguimiento se mantiene o no almacenado en su ordenador ni de su finalidad.

c) La instalación del cookie de autoexclusión no ofrece la posibilidad de gestionar y borrar cookies de seguimiento instalados previamente al tiempo que crea la presunción errónea de que la autoexclusión desactiva el seguimiento del comportamiento de navegación en internet.

Por último, resalta el Dictamen incumple con lo dispuesto en la Directiva 2002/58/CE *«por el hecho de que el propio sitio web www.youronlinechoices.eu contiene enlaces a una serie de funciones JavaScript que pueden realizar el seguimiento de un usuario concreto»*. (Dictamen 16/2011 2011)

Por último, con fecha 13 de Junio de 2013, IAB Europe publicó una nota de prensa por la que la EDAA ha puesto en marcha la primera fase de su campaña paneuropea de sensibilización de los usuarios en el Reino Unido con el objetivo de proporcionar información acerca de la OBA. Dicha campaña de educación forma parte del amplio programa europeo de autorregulación de OBA

La campaña estaba prevista que se fuese extendiendo a los demás mercados de la UE y del EEE desde septiembre 2013 (iab.Europe 2013)

3.1.3 Ordenamiento Jurídico español

En España, la regulación respecto la utilización de los dispositivos tales como cookies o dispositivos similares viene regulada en la Ley 34/2002, de 11 de julio, de servicios de la sociedad de la información y de comercio electrónico, publicado en BOE núm. 166 de 12 de Julio de 2002 (en adelante, «LSSI»), a través de la cual se transpone la Directiva 2002/58/CE. (LEY 34/2002 2002)

En particular, el apartado segundo del artículo 22 de la LSSI, modificado mediante el *Real Decreto-ley 13/2012, de 30 de marzo, por el que se transponen directivas en materia de mercados interiores de electricidad y gas y en materia de comunicaciones electrónicas, y por el que se adoptan medidas para la corrección de las desviaciones por desajustes entre los costes e ingresos de los sectores eléctrico y gasista* (en adelante, el «Real Decreto ley 13/2012»), publicado en el Boletín Oficial del Estado (B.O.E) el 31 de marzo de 2012, cuya entrada en vigor se produjo el 1 de abril de 2012, por el cual se transpone la Directiva 2009/136/CE, obliga a los prestadores de servicios a obtener el consentimiento de los usuarios después que se les haya facilitado información clara y completa sobre su utilización para poder utilizar los dispositivos de almacenamiento y recuperación de datos (cookies) en los terminales de los usuarios (Real Decreto-ley 13/2012 2012). En este sentido, el redactado actualmente vigente de dicho precepto es el siguiente:

«Los prestadores de servicios podrán utilizar dispositivos de almacenamiento y recuperación de datos en equipos terminales de los destinatarios, a condición de que los mismos hayan dado su consentimiento después de que se les haya facilitado información clara y completa sobre su utilización, en particular, sobre los fines del tratamiento de los datos, con arreglo a lo dispuesto en la Ley Orgánica 15/1999, de 13 de diciembre, de Protección de Datos de Carácter Personal.

Cuando sea técnicamente posible y eficaz, el consentimiento del destinatario para aceptar el tratamiento de los datos podrá facilitarse mediante el uso de los parámetros adecuados del navegador o de otras aplicaciones, siempre que aquél deba proceder a su configuración durante su instalación o actualización mediante una acción expresa a tal efecto.

Lo anterior no impedirá el posible almacenamiento o acceso de índole técnica al solo fin de efectuar la transmisión de una comunicación por una red de comunicaciones electrónicas o, en la medida que resulte estrictamente necesario, para la prestación de un servicio de la sociedad de la información expresamente solicitado por el destinatario.» (Real Decreto-ley 13/2012 2012)

Más de un año después, y con todas las dudas que esta nueva regulación ha suscitado, finalmente la Agencia Española de Protección de Datos, conjuntamente con las asociaciones Adigital, Autocontrol e IAB Spain presentaron la primera guía en Europa elaborada conjuntamente por la autoridad de protección de datos y los representantes de la industria. La Guía sobre el uso de las cookies recoge las orientaciones, garantías y obligaciones que la industria se compromete a difundir y aplicar para adaptar la instalación de este tipo de archivos a la legislación vigente (en adelante, «Guía sobre el uso de las cookies» o la «Guía»). Dicha Guía será analizada con más detalle en el siguiente apartado. (La Agencia Española de Protección de Datos (AEPD), Adigital, Autocontrol e IAB Spain 2013).

Por último, y con fecha 13 de setiembre de 2013, el Consejo de Ministros aprobó la remisión a las Cortes Generales del Proyecto de Ley General de Telecomunicaciones, y fue aprobado por el Congreso de los Diputados el 13 de febrero de 2014 (EFE, 2014) . El Proyecto de Ley prevé modificar nuevamente la regulación en materia de cookies establecida en la LSSI de la siguiente manera:

1. En línea con la evolución de esta materia en otros países comunitarios, se elimina la exigencia que el usuario realice una acción expresa que cumpla la norma del consentimiento previo a la hora de instalar cookies;

2. Se tipifica el régimen sancionador en el caso de uso de cookies *«cuando no se hubiera facilitado la información u obtenido el consentimiento del destinatario del servicio en los términos exigidos por el artículo 22.2»* con multas de hasta 30.000 Euros por infracción leve. Además, en caso de reincidencia, la sanción podrá ser de hasta 150.000 Euros por infracción grave, dado que en el artículo 38.3 LSSI se establecerá como sanción *«La reincidencia en la comisión de la infracción leve prevista en el apartado 4 g) cuando así se*

hubiera declarado por resolución firme dictada en los tres años inmediatamente anteriores a la apertura del procedimiento sancionador»; (Congreso de los Diputados 2014)

3. Respecto a las *ad networks*, se las declara responsables en caso de que no hubieran adoptado medidas para exigir a terceros prestadores del servicio el cumplimiento de los deberes de información y la obtención del consentimiento del usuario en materia de cookies.

3.2 Estados Unidos

A diferencia de la Unión Europea, y dado que en Estados Unidos no existe una regulación federal en materia de protección datos, la promulgación de las iniciativas de autorregulación ha sido mucho más fuerte, gracias al impulso sobretodo de la Federal Trade Commission (en adelante y por sus siglas en inglés «FTC»), que es una agencia independiente del gobierno de los Estados Unidos cuya misión es prevenir las prácticas comerciales que son contrarias a la competencia o engañosas o injustas para los consumidores, así como mejorar la elección consciente y la comprensión pública del proceso competitivo, y lograr esto sin imponer una carga excesiva actividad comercial legítima.

Así, y a destacar, este organismo publicó en febrero de 2009 el informe *FTC Staff Report: Self-Regulatory Principles For Online Behavioral Advertising*, el cual analiza la situación de la regulación de la OBA en Estados Unidos (Federal Trade Commission 2009). Además, analiza los potenciales beneficios que la OBA aporta a los consumidores y plantea las preocupaciones que han surgido al respecto a la privacidad de los usuarios y la aplicación de los principios desarrollados por el código de conducta elaborado por la Network Advertising Iniciative (en adelante y por sus siglas en inglés «NAI»), el cual ha sido actualizado durante la primavera de 2013 y será de plena aplicación a partir de enero de 2014 (Network Adversiting Initiative 2013).

Por su parte, en julio de 2009 se publicó el informe *Self-Regulatory Principles for Online Behavioral Advertising*, elaborado por IAB USA junto con la American Association of Advertising Agencies (AAAA), la Association of National Advertisers (ANA) la Digital Marketing Association (DMA) y la Better Business Bureau (BBB). Este informe publicado por la industria recoge los siete principios establecidos en el *FTC Staff Report: Self-Regulatory Principles For Online Behavioral Advertising*, y además añade una serie de compromisos adicionales relacionados con la información al consumidor (a destacar, la necesidad de obtener el consentimiento del usuario si se produce un cambio sustancial en la política de privacidad de la página web respecto de la finalidad inicial) (Federal Trade Commission 2009).

Como parte de este *Self-Regulatory Program for Online Behavioral Advertising*, y de manera similar a la «OBA Icon» analizado anteriormente en el caso europeo, la DAA lanzó la denominada *Advertising Option Icon* (consistente en el icono de la letra i, como se muestra en los Anexos X y XI), por el cual se hace un llamamiento a las entidades dedicadas a la OBA para informar claramente a los usuarios acerca de la recopilación de datos y prácticas de uso mediante una mayor notificación proporcionada a través del icono, el cual suele ir acompañado del texto «*why did I get this ad?*». (IAB USA, American Association of Advertising Agencies (AAAA), Association of National Advertisers (ANA),Digital Marketing Association (DMA), la Better Business Bureau (BBB) 2009) Así, cuando el usuario hace click a dicho icono, es redirigido al sitio web de la DAA http://www.youradchoices.com, donde puede obtener más información acerca de cómo su información relativo a sus intereses está siendo recolectada por los diferentes *advertisers* y *ad networks*, así como la posibilidad del usuario de rechazar su consentimiento a que se le siga mostrando este tipo de publicidad (es decir, realizar un *opt out*). Este *opt out* se realiza de la misma manera que el visto anteriormente para el caso europeo, es decir, mediante una cookie «de autoexclusión».

En Diciembre de 2010, la FTC promulga un nuevo *informe Protecting Consumer Privacy in an Era of Rapid Change: A Proposed Framework for Businesses and PolicyMakers*, el cual propone un nuevo marco regulatorio para la privacidad de los usuarios, incluyendo una propuesta de mecanismo uniforme y comprensivo de elección del usuario referido como «*Do Not Track*», por el cual permitiría a los usuarios realizar un *opt out* de los mecanismos de OBA. (Federal Trade Commission 2010). La estandarización técnica del «*Do Not Track*» se está llevando a cabo a través del World Wide Web Consortium (W3C) mediante el Tracking Protection Working Group

Por lo que respecta a la regulación legislativa de la OBA, en los últimos años se han promulgado varias leyes que dan más autoridad a la FTC para promulgar regulaciones con respecto a la OBA. Así, el 16 de marzo 2011, la FTC compareció ante la United States Senate Commerce Committee, en el cual recomendó la imposición de medidas más estrictas para proteger a los usuarios de Internet contra la monitorización no autorizada a favor de la OBA, incluyendo una configuración universal de *Do Not Track* de los navegadores de Internet.

En este sentido, en 2011 se publicó el *Do Not Track Me Online Act of 2011* que autorizaría la FTC promulgar normas que requieran a los anunciantes y sitios web para que los usuarios puedan realizar un *opt out* de que sus actividades online sean objeto de seguimiento a través de la creación de un mecanismo de *Do Not Track* (Congress of the United States of America 2011)

Por su parte, el *Commercial Privacy Bill of Rights Act* de 2011 obliga a la FTC desarrollar normas de desarrollo dirigidos específicamente a la OBA, exigiendo a las empresas que ofrezcan a los usuarios un mecanismo de *opt out* claro, visible y robusto para el uso de su información de identificación personal a terceros con finalidad de OBA o marketing (Senate of the United States of America 2011).

Por último, el presidente Barack Obama realizó una llamada a una «*Internet user's bill of rights*», el cual daría a la FTC la autoridad a regular la OBA. Así, el 23 de febrero de 2012, la administración Obama anunció el «*Consumer Privacy Bill of Rights*» como parte de un plan integral para mejorar la protección de la privacidad de los consumidores y asegurar que Internet siga siendo un motor para la innovación y el crecimiento económico. Dicho «*Consumer Privacy Bill of Rights*» se resume en un informe publicado por la Casa Blanca «*Consumer Data Privacy in a Networked World: A Framework for Protecting Privacy and Promoting Innovation in the Global Digital Economy*» (The White House 2012).

El plan guiará los esfuerzos para dar a los usuarios más control sobre cómo se utiliza su información personal en Internet y ayudar a las empresas a mantener la confianza de los consumidores y crecer en el actual entorno digital de rápida evolución.

Dicho plan proporciona una base de claras protecciones para los consumidores y una mayor seguridad para las empresas. Los derechos que reconoce son: Control individual, Transparencia, Respeto de Contexto, Seguridad, Acceso y Exactitud, Colección Centrado y Responsabilidad (The White House 2012).

Asimismo, el plan incluye que sea la FTC quien se encargue del cumplimiento estricto de estas medidas, así como que haya una mayor interoperabilidad entre marco de privacidad de los Estados Unidos y los demás socios internacionales (The White House 2012).

Por último, las redes publicitarias anunciaron que las compañías de Internet líderes y redes de publicidad online se comprometían a hacer efectiva la tecnología *Do Not Track* en la mayoría de los principales navegadores de Internet para facilitar a los usuarios el control de la monitorización online (The White House 2012). Las compañías que representan a la entrega de casi 90% de la OBA, como son Google, Yahoo!, Microsoft y AOL, acordaron cumplir con esto cuando los usuarios eligieran para controlar la monitorización online. Por ello, las compañías que hagan este compromiso estarán sujetos a la aplicación de la FTC (The White House 2012).

En este sentido, actualmente los principales navegadores ofrecen la posibilidad que los usuarios indiquen a su navegador, mediante la opción de preferencias, pedir a las páginas webs que su navegación no sea rastreada, dando cumplimiento al *Do Not Track* (ver Anexo XII).

Sin embargo, el impulso inicial que hubo por parte de la industria en desarrollar el *Do Not Track* se ha ido desvaneciendo con el tiempo, hasta el punto que ha quedado completamente aparcado, tal y como demuestra el hecho que la DAA haya anunciado que dejará de participar en el W3C Tracking Protection Working Group en aras a desarrollar la solución *Do Not Track*. (Pfeifle 2013)

Mi opinión al respecto es que la campaña a favor de una tecnología *Do Not Track* que resulte eficaz desde un punto de vista de los usuarios no ha sido lo suficientemente convincente para permitir su promulgación y desarrollo.

3.3 Cookies

Como se ha comentado anteriormente, con la modificación introducida al artículo 5.3 de la Directiva 2002/58/CE mediante la Directiva 2009/136/CE, los estados miembros de la Unión Europea tenían hasta el 25 de mayo de 2011 para implementar los cambios en su propia legislación interna con relación a la obtención del consentimiento previo e informado del usuario para instalar cookies o tecnologías similares (Directiva 2009/136/CE 2009). Así, y a modo de ejemplo, mientras que en el Reino Unido dichos cambios entraron en vigor a partir del mismo día 25 de mayo de 2011, en España no entró en vigor la modificación del mencionado artículo 22.2 LSSI hasta el 1 de abril de 2012.

Tal y como expresa la Guía sobre el uso de las cookies, mediante las cookies «*los prestadores de servicios obtienen datos relacionados con los usuarios que posteriormente podrán ser utilizados para la prestación de los servicios concretos, para servir publicidad o como base para el desarrollo de mejoras o nuevos productos y servicios en ocasiones gratuitos*». (La Agencia Española de Protección de Datos (AEPD), Adigital, Autocontrol e IAB Spain 2013)

Por otro lado, expresa la Guía sobre el uso de las cookies que «*debe tenerse presente que la utilización de las cookies, en la medida en que supone la descarga de un archivo o dispositivo en el equipo terminal de un usuario con la finalidad de almacenar y recuperar datos que se encuentran en el citado equipo, tiene implicaciones importantes en relación con su privacidad.*

Esta circunstancia determina la necesidad de implantar un sistema en el que el usuario sea plenamente consciente de la instalación de aquellos dispositivos y de la finalidad de su utilización, siendo en definitiva conocedores del destino de los datos que estén siendo utilizados y las incidencias que este sistema implica en su privacidad. Por ello, la nueva regulación comunitaria y nacional requiere la obtención de un consentimiento informado con el fin de asegurar que los usuarios son conscientes del uso de sus datos y las finalidades para las que son utilizados.» (La Agencia Española de Protección de Datos (AEPD), Adigital, Autocontrol e IAB Spain 2013)

Este interés que se garantice la efectiva tutela de la privacidad ha sido objeto de estudio y discusión en diversos documentos elaborados por las diversas autoridades de protección de datos y, entre otros, en las Opiniones del Grupo de Trabajo del Artículo 29, los cuales van a ser objeto de análisis del presente capítulo.

3.3.1 *Guía sobre el uso de las cookies*

Con la entrada en vigor de la nueva regulación de las cookies, la industria y la Agencia Española de Protección de Datos promulgaron la Guía sobre el uso de las cookies, el cual recoge las orientaciones, garantías y obligaciones que la industria se compromete a difundir y aplicar para adaptar la instalación de este tipo de archivos a la legislación vigente en materia de cookies y tecnologías similares. Cabe destacar que dicho documento toma como base la «*Guidance on the rules on use of cookies and similar technologies v3*» elaborado por la Information Commissioner's Office de Reino Unido en mayo de 2012.

Así, además de establecer el tipo de cookies según la entidad que las gestione (cookies propias y de terceros), según el plazo de tiempo que permanecen activadas (cookies de sesión y persistentes), y según su finalidad (técnicas, personalización, análisis, publicitarias y publicidad comportamental, la Guía determina que, conforme al artículo 22.2 LSSI, «*la información sobre las cookies facilitada en el momento de solicitar el consentimiento debe ser suficientemente comple-*

ta para permitir a los usuarios entender la finalidad para las que se instalaron y conocer los usos que se les darán.

En el caso de que un usuario preste su consentimiento para el uso de cookies, la información sobre cómo revocar el consentimiento y eliminar las cookies deberá de estar a su disposición de forma accesible y permanente». (La Agencia Española de Protección de Datos (AEPD), Adigital, Autocontrol e IAB Spain 2013)

Además, la Guía recomienda que para que los usuarios puedan prestar un consentimiento válido, «*es aconsejable que la citada información, y en particular la relativa a la forma a través de la cual pueden gestionar las cookies, esté a su disposición de forma accesible y permanente en todo momento a través la página web desde la que se presta el servicio.*»

Por ello, la información deberá mostrarse de conforme con dos requisitos establecidos por el Grupo de Trabajo del Artículo 29 en su Dictamen 15/2011 (Dictamen 15/2011 2011); en primer lugar, en relación con la *calidad* de la información, y debido a que en la actualidad el nivel de conocimiento de los usuarios sobre las cookies y su gestión es muy reducido, la Guía recomienda «*Tener en cuenta el tipo de usuario medio al que se dirige esa página web y adecuar el lenguaje y el contenido de los mensajes a su nivel técnico. Cuanto menor sea el nivel técnico del usuario medio de esa página web, más sencillo deberá ser el lenguaje que se utilice (evitando terminología técnica poco comprensible)*». Además, la Guía señala que deberse en en cuenta «*el diseño y mecánica de la página web. Cuanto mejor encaje la información que se ofrezca sobre las cookies con el resto de los contenidos de la página web y su mecánica de funcionamiento, más probable es que esa información sea leída por los usuarios.*»

En segundo lugar, en relación a los requisitos de *accesibilidad y visibilidad*, la Guía recomienda el empleo de las siguientes formas:

1. **Formato del enlace:** Por ejemplo, incrementando el tamaño del enlace a la información o utilizando una fuente diferente que distingan ese enlace del texto normal de la página web y de otros enlaces.
2. **Mediante el posicionamiento del enlace:** La localización del enlace en zonas que capten la atención de los usuarios puede ayudar a garantizar su accesibilidad y visibilidad.
3. **A través de la utilización de una denominación descriptiva e intuitiva para el enlace: La** utilización de una expresión explicativa como por ejemplo «Política de cookies», en lugar de una expresión más general como «Política de privacidad» para mejorar la accesibilidad y visibilidad del mensaje.
4. A través de **otras técnicas** que ayuden a destacar la importancia de ese enlace informativo, por el cual la información obligatoria podrá ofrecerse mediante múltiples sistemas. Entre los métodos más comunes, la Guía destaca:
   a) El suministro de información a través de una barra de encabezamiento o en el pie de página, de forma suficientemente visible;
   b) Al solicitar el alta en un servicio, o antes de descargar un servicio o una aplicación, podrá suministrarse esta información junto con la política de privacidad, o en los términos y condiciones de uso del servicio;
   c) La información por capas. (ver Anexo XIII).

Para la instalación y utilización de las cookies no exceptuadas será necesario en todo caso obtener el consentimiento del usuario. Para que dicho consentimiento sea válido será necesario que el que consentimiento haya sido otorgado de forma informada.

Además, como indica la normativa en materia de cookies establecida en el ya referido artículo 5.3 de la Directiva 2002/58/CE y artículo 22.2 LSSI (a recordar, aquellas cookies que tengan como finalidad permitir únicamente la comunicación entre el equipo del usuario y la redo estrictamente prestar un servicio expresamente solicitado por el usuario), el Dictamen 4/2012 determina cuáles son aquellas cookies que quedan exceptuadas del cumplimiento de las obligaciones establecidas en la citada normativa:

a) Cookies de entrada del usuario;
b) Cookies de autenticación o identificación de usuario (únicamente de sesión);
c) Cookies de seguridad del usuario;
d) Cookies de sesión de reproductor multimedia;
e) Cookies de sesión para equilibrar la carga;
f) Cookies de personalización de la interfaz de usuario;
g) Cookies de complemento (*plug-in*) para intercambiar contenidos sociales.

Por último, en cuanto a las modalidades de obtención del consentimiento de las cookies, la Guía indica que el método más apropiado depende de qué tipo de cookies se van a instalar y para qué finalidad, además de si la relación con el usuario la tiene el editor o terceras partes.

Así, la Guía hace mención específica a los siguientes mecanismos de obtención del consentimiento:

a) A través de la aceptación de los «Términos y condiciones de uso de la página web» o de su «Política de privacidad» al solicitar el alta en un servicio;
b) Durante el proceso de configuración del funcionamiento de la página web o aplicación (*Settings-led consent*);

c) Antes del momento en que se vaya a descargar un servicio o aplicación ofrecido en la página web;

d) A través del formato de información por capas;

e) A través de la configuración del navegador. El Considerando 66 de la Directiva 2009/136/CE reconoce que «*Cuando sea técnicamente posible y eficaz, de conformidad con las disposiciones pertinentes de la Directiva 95/46/CE, el consentimiento del usuario para aceptar el tratamiento de los datos puede facilitarse mediante el uso de los parámetros adecuados del navegador o de otra aplicación*».

Aún así, el Grupo de Trabajo del Artículo 29 ya indicó en su Dictamen 2/2010 que únicamente puede inferirse que hay un consentimiento informado cuando los navegadores que por defecto «*rechacen cookies de terceros y que requieran que el usuario realice una acción expresa para aceptar la configuración de una transmisión continuada de la información contenida en los cookies por sitios web específicos, puedan expresar un consentimiento válido y eficaz. Por el contrario, si las configuraciones del buscador estuvieran predeterminadas para aceptar todos los cookies, dicho consentimiento no cumpliría las disposiciones del artículo 5, apartado 3 [de la directiva 2002/58/CE], dado que, en general, dicho consentimiento no puede constituir una indicación cierta de los deseos del usuario*». En la actualidad, solo la configuración predeterminada del navegador de Microsoft Internet Explorer bloquea las cookies de terceras partes, a diferencia de los navegadores Google Chrome, Firefox y Safari, las cuales por defecto aceptan cookies.

Por otro lado, dicho Dictamen también establece que en aras a «*cumplir lo dispuesto en la Directiva 95/46/CE, los buscadores deben transmitir, en nombre del proveedor de la red de publicidad, la información pertinente sobre el objeto de los cookies y el tratamiento de datos ulterior. Las advertencias genéricas sin referencia explícita a la red de publicidad que está instalando el cookie no son, pues, suficientes».*

Finalmente, la Guía indica que *«Los usuarios deberán poder retirar el consentimiento previamente otorgado en cualquier momento. A tal fin, el editor deberá asegurarse de que facilita información a los usuarios en su política de privacidad sobre cómo puede retirarse el consentimiento y eliminarse las cookies.*

En todo caso, podrá informarse al usuario sobre las consecuencias derivadas de la retirada de dicho consentimiento, como por ejemplo, del impacto que puede tener en las funcionalidades de la página web.»

Además, cabe la posibilidad de determinados supuestos en que en el caso que el usuario decida no aceptar la instalación de cookies implique el impedimento del uso total o parcial de un determinado servicio, siempre y cuando se haya informado al usuario de manera adecuada de dicho respecto. Sin embargo, y como apunta la Guía *«no podrá denegarse el acceso al servicio en caso de rechazo a las cookies, en aquellos supuestos en que tal denegación impida el ejercicio de un derecho legalmente reconocido al usuario, por ser el acceso a dicha página web sea el único medio facilitado al usuario para ejercitar tal derecho. (Ejemplo, la baja en un servicio telefónico, de acceso a Internet o de otro tipo)».*

Por su parte, en cuanto al nivel de cumplimiento de la nueva regulación en materia de cookies, cabe destacar que actualmente su cumplimiento es bajo, tal hace observar una noticia de mayo de 2012 en el que se indica que, en España, ninguna de las empresas del Ibex 35 cumple con dicha nueva normativa (E.C 2012). A finales del mes de mayo de

2013, KMPG realizó un análisis de 55 de las principales organizaciones tanto del sector público y privado del Reino Unido, y por el cual concluyó que 51% de dichas organizaciones incumplen con la nueva normativa en materia de cookies, después de un año en vigor (Petrook 2013).

En mi opinión, la Guía, a pesar de haber clarificado los aspectos esenciales de cómo aplicar la nueva regulación en materia de cookies, no ha servido para clarificar que, para dar cumplimiento al artículo 22.2 LSSI, la inyección de las cookies en el terminal del usuario al acceder al sitio web debe producirse únicamente después de haber obtenido su consentimiento previo e informado. Sin embargo, y mediante su Resolución R/02990/2013, la Agencia Española de Protección de Datos impuso su primera sanción por incumplimiento de la normativa sobre uso de cookies, sancionando a dos empresas por un total de 3.500 Euros al considerar que ha quedado acreditado ambas empresas procedían a *«la instalación de cookies no exentas en los equipos terminales de los usuarios que visitan las páginas web titularidad de ambas entidades sin que éstas proporcionen a los mismos una información clara y completa sobre el uso y finalidades de las cookies que se descargan en sus terminales»*.

A destacar de esta resolución es cómo la Agencia Española de Protección de Datos puntualiza los defectos que encuentra en la información por capas relativa a la instalación y utilización de cookies provista en los sitios webs de las empresas sancionadas. Para ello, y en línea con lo ya establecido en la Guía sobre el uso de las cookies, la Agencia Española de Protección de Datos entiende que el contenido mínimo que debe incluirse en este sistema de información por capas sería el siguiente:

- Primera Capa (es decir, el «pop up» que vemos al entrar en la mayoría de sitios webs):
  - *«Advertencia sobre el uso de cookies no exceptuadas que se instalan al navegar por los sitios web o al utilizar el servicio solicitado.*
  - *Identificación de las finalidades de las cookies que se instalan, con información sobre si se trata de cookies propias o de terceros.*
  - *Advertencia, en su caso, de que si se realiza una determinada acción se entenderá que el usuario acepta el uso de las cookies.*
  - *Un enlace a la segunda capa informativa en la que se indica una información más detallada.»*
- Segunda Capa (lo que sería la «Política de Cookies» o equivalente):
  - *«Definición y función de las cookies.*
  - *Tipo de cookies que utiliza la página web y su finalidad.*
  - *Forma de desactivar o eliminar las cookies descritas y forma de revocación del consentimiento ya prestado.*
  - *Identificación de quienes utilizan las cookies, incluidos los terceros con lo que el editor haya contratado la prestación de un servicio que suponga el uso de cookies.»*

Así, la Agencia Española de Protección de Datos concluye que en base a este contenido mínimo, la información proporcionada por las empresas sancionadas *«no […] se considera necesaria para estimar que resulta completa y clara, en especial en cuanto a la tipología de cookies realmente utilizadas, finalidad de las mismas e identidad de quienes instalan y utilizan las cookies, lo que invalidaría el consentimiento que pueda ser prestado por los usuarios al «Aceptar» la «Política de Cookies» o seguir navegando por los sitios web».*

De todo lo anterior se pueden extraen las siguientes conclusiones:

1. Esta sanción es un claro signo que la Agencia Española de Protección de Datos empezará a ser más estricto a la hora de velar por el cumplimiento de legislación en materia de cookies;
2. Este hecho pone de relieve que en la actualidad muchos de los avisos en materia de cookies (provistos mayoritariamente en formato de capas) que inyectan de manera simultánea una cookie incumple con la actual regulación en materia de cookies (sin embargo, daría cumplimiento a la anterior normativa vigente).
   Sin embargo, con respecto a este punto, la Agencia Española de Protección de Datos se limita a indicar en el Fundamento de Derecho IX de la anteriormente citada resolución que *«ha quedado probado que el uso de cookies por las mencionadas entidades se lleva a cabo sin mediar el consentimiento informado al que se refiere el artículo 22.2 de la LSSI, aunque la vulneración de este requisito previo a la instalación de cookies no resulta sancionable en virtud de la redacción del artículo 38.4.g)»* (el subrayado es mío). Esto, prosigue la Agencia Española de Protección de Datos, es debido a que hay que tener en cuenta los principios de legalidad y tipicidad establecidos en los artículos 127 y 129 de la Ley 30/1992, de 26 de noviembre, de Régimen Jurídico de las Administraciones Públicas y del Procedimiento Administrativo Común.

Por otro lado, con respecto a Estados Unidos, y como ya se ha indicado en el apartado anterior, actualmente existe el sistema de *opt out* de la instalación de las cookies, mediante la cual a través de las diferentes herramientas que la industria pone a la disposición de los usuarios, entre otros la NAI (mediante su sitio web http://www.networkadvertising.org/choices/) y la DAA (mediante su sitio web http://www.aboutads.info/choices/), los usuarios pueden revocar el consentimiento de la instalación de las cookies por parte de los *advertisers* y/o *ad networks*.

En este sentido, la FTC pone a disposición de los ciudadanos en su sitio web http://www.onguardonline.gov/articles/0042-cookies-leaving-trail-web información completa sobre las cookies con el título «*Cookies: Leaving a Trail on the Web*» donde se informa a los ciudadanos de qué son las cookies y qué métodos tienen los usuarios a su disposición para controlar las cookies. Entre otros, se menciona la opción de *opt out* mencionado antes, la tecnología *Do Not Track* y la opción de navegación privada de los navegadores.

4. RIESGOS DE LA PUBLICIDAD ONLINE

Como se ha visto a lo largo del libro, la publicidad online (en especial la OBA), a pesar de los beneficios que generan tanto para los usuarios como económicos, conllevan a su vez una serie de riesgos para los propios usuarios.

En este sentido, el Dictamen 2/2010 expresa que *«en realidad es muy dudoso que las personas corrientes sean conscientes y menos aun consientan ser controladas para recibir publicidad a medida»* y considera *«muy preocupantes las implicaciones para la intimidad y la protección de datos que tiene está práctica de creciente implantación».*

Específicamente, y con respecto a la OBA, dicho Dictamen expresa que *«El Grupo de Trabajo del artículo 29 no cuestiona los beneficios económicos que la publicidad comportamental pueda aportar a los que la practican pero cree firmemente que esta práctica no debe realizarse a expensas de los derechos a la intimidad y a la protección de datos de las personas. El marco normativo de protección de datos de la UE, que establece salvaguardias específicas, debe respetarse.»* (Dictamen 2/2010 2010)

Los riesgos que conllevan el uso de algunas de las técnicas de publicidad online vistos a lo largo del libro se expondrán a continuación en dos grandes bloques: en primer lugar, aquellos riesgos que afecten el derecho fundamental a la intimidad o privacidad, y en segundo lugar, aquellos riesgos en materia de protección de datos.

4.1 Intimidad o privacidad

La intimidad, reconocido como un derecho fundamental (en España, reconocido como el derecho fundamental a la intimidad en el artículo 18.1 de la Constitución Española), es, ante el auge de las nuevas técnicas publicitarias online, y en específico, la OBA, un centro de preocupación tanto para los legisladores como para la propia industria.

Así, algunos de los principales riesgos a destacar en esta materia son:

a) Respawning

Tal y como se indica en el Dictamen 2/2010: «*Algunas redes de publicidad están sustituyendo o complementando sus cookies de rastreo tradicionales con nuevas tecnologías reforzadas de rastreo como los «flash cookies» (objetos locales compartidos). Las «flash cookies» no pueden borrarse con la configuración tradicional de privacidad de un buscador. Se ha señalado que las «flash cookies» se han usado explícitamente como herramienta para restaurar «cookies tradicionales» que habían sido rechazadas o borradas por el usuario*».

Esta práctica se conoce como «*respawning*», el cual, según el estudio «*Flash Cookies and Privacy*», se ha podido detectar que más de un 50% de sitios webs analizados usan Flash cookies para recabar información acerca del usuario. Algunos de ellos lo usan para realizar dicha técnica de «*respawn*» y reinstalan las cookies eliminados por los usuarios. (Soltani, y otros 2009)

Esta técnica es contraria al marco jurídico de la Unión Europea (Directiva 2002/58/CE) y Estados Unidos y las normas de autorregulación en ambos continentes analizados en los apartados anteriores.

b) Menores

En base a lo analizado anteriormente, por el cual para poder ofrecer publicidad comportamental se requiere el previo consentimiento informado o fundamentado por parte del usuario, en el caso de los menores, dicho consentimiento, en algunas ocasiones, deben darlo los padres u otros representantes legales. Así, como indica el Dictamen 2/2010, este hecho *«supone que los proveedores de redes de publicidad podrían tener que informar a los padres de la recogida y utilización de datos del niño y obtener su consentimiento antes de recoger dichos datos y seguir utilizando la información con fines de realizar publicidad a medida para niños.»*

Por ello, el Grupo de Trabajo del Artículo 29 específicamente recomienda en dicho Dictamen 2/2010 que, en base a la vulnerabilidad de los niños, *«los proveedores de redes de publicidad no deben ofrecer grupos de interés dirigidos a enviar publicidad comportamental a los niños o influir en ellos.»*

El mismo Grupo de Trabajo del Artículo 29 ha abordado en profundidad aquellas cuestiones relativas a la protección de la información sobre los niños en su Dictamen 2/2009 sobre la protección de los datos personales de los niños, con fecha 11 de febrero de 2009 (Dictamen 2/2009 2009).

c) Vigilancia electrónica

Tal y como se indica en el informe *«Privacy considerations of online behavioural tracking»* de la European Network and Information Security Agency (en adelante, «ENISA»), (en adelante, el «Informe ENISA») unos de los principales riesgos que conlleva el rastreo y la monitorización de los usuarios para ofrecerles publicidad OBA es la vigilancia online que puede ser llevada a cabo tanto por los propios *advertisers* o *ad networks* como por los propios gobiernos, ya sea por razones políticas o de seguridad nacional.

En este sentido, y con la filtración por parte del ex empleado de la CIA Edward Snowden en junio de 2013 de los informes y documentos relativos un programa de vigilancia electrónica calificado de alto secreto a cargo de la Agencia de Seguridad Nacional de los Estados Unidos («NSA» por sus siglas en inglés) desde 2007 denominado PRISM, la publicidad online, y en específico la OBA, pueden servir como un canal para realizar accesos no autorizados a los datos y mensajes de los usuarios mediante el uso de Internet. En este sentido, según Xavier Ribas, la OBA puede servir como un canal indirecto por el cual los gobiernos pueden acceder a los datos de los usuarios *«a través de la captura de datos recopilados por las redes publicitarias y de las eventuales puertas traseras de software que estas redes pudiesen estar utilizando (sistemas operativos, software de cifrado, software ofimático, etc.).»*(Ribas 2013)

4.2 Protección de Datos

Las actuales y futuras técnicas de publicidad online, en especial la OBA, deben respetar el derecho fundamental a la protección de datos o *habeas data*, reconocido mediante la Directiva 95/48/CE. En España, dicho derecho queda reconocido a través del artículo 18.4 de la Constitución Española, y su regulación mediante la Ley Orgánica 15/1999, de 13 de diciembre, de Protección de Datos de Carácter Personal (en adelante, «LOPD») y el Real Decreto 1720/2007, de 21 de diciembre, por el que se aprueba el Reglamento de desarrollo de la Ley Orgánica 15/1999, de 13 de diciembre, de protección de datos de carácter personal (en adelante, «RLOPD»).

Así, como se indica en el Dictamen 2/2010, *«los responsables del control de datos deben garantizar el cumplimiento de todas las obligaciones derivadas de la Directiva 95/46 sin solaparse»* además del artículo 5, apartado 3 de la Directiva 2002/58/CE (Dictamen 2/2010 2010). Específicamente, el Dictamen hace hincapié que las partes implicadas en ofrecer OBA deben dar cumplimiento a las siguientes obligaciones en materia de protección de datos:

I. Obligaciones relativas a categorías particulares de datos

El Grupo de Trabajo del Artículo 29 expresa su preocupación en el sentido que *«percibe riesgos graves de que se infrinjan datos personales de las personas»* relativos a aquellos datos sensibles reconocidos el artículo 8 de la Directiva 95/46/CE, si este tipo de información se utiliza para enviar OBA.

Así, expresa el Grupo de Trabajo del Artículo 29 que *«la única base jurídica que podría legitimar el tratamiento de datos sería un consentimiento explícito y específico de aceptación con arreglo al artículo 8, apartado 2, letra a). La exigencia de una manifestación específica, explícita y previa de acuerdo de la persona significa que un mecanismo de consentimiento de exclusión satisface los requisitos legales. Significa también que dicho consentimiento no puede obtenerse configurando el buscador. Para recoger y tratar este tipo de información, los proveedores de redes publicitarias deberían crear sistemas para obtener el consentimiento previo explícito, separado de otro consentimiento que se haya obtenido para el tratamiento de datos en general. «* (Dictamen 2/2010 2010)

II. Cumplimiento de los principios de calidad de datos

El artículo 6 de la Directiva 95/46/CE sienta los principios relativos a la calidad de los datos que los responsables del tratamiento deben respetar. En este contexto, el Grupo de Trabajo del Artículo 29 indica en el Dictamen 2/2010 que *«es consciente de que los perfiles reunidos y utilizados en publicidad comportamental podrían utilizarse para objetivos distintos de la publicidad. Potencialmente podría utilizarse para desarrollar nuevos servicios de índole aún no definida.»* (Dictamen 2/2010 2010)

Sin embargo, el Grupo de Trabajo del Artículo 29 establece que dicha actividad queda sujeta al cumplimiento del principio de limitación de objetivos, establecido en el artículo 6.1.b de la Directiva 95/46/CE. Según el propio Grupo de Trabajo del Artículo 29, dicho principio *«prohíbe el tratamiento de datos personales que no sean compatibles con los fines que hicieron legítima la recogida de datos inicial. En otras palabras, la utilización segunda incompatible de la información recogida y almacenada con fines de publicidad comportamental iría en contra del artículo 6, letra b), de la Directiva 95/46/CE. Por ejemplo, si las redes de publicidad forman parte de un grupo de empresas que proporciona servicios múltiples, en principio la red de publicidad no puede usar los datos recogidos para la publicidad comportamental en esos servicios distintos (a no ser que se demuestren que los fines son compatibles). Por la misma razón, las redes de publicidad no pueden enriquecer con otra información la reunida a efectos de publicidad comportamental.»* (Dictamen 2/2010 2010)

Por ello, en el Dictamen 2/2010, el Grupo de Trabajo del Artículo 29 *«incita a los proveedores de redes de publicidad a que apliquen políticas que garanticen que la información recogida cada vez que se lee un cookie se borre inmediatamente o se haga anónima una vez expirado el plazo de conservación nece-*

sario. Todo responsable de tratamiento de datos debe poder justificar la necesidad de un período de conservación determinado». (Dictamen 2/2010 2010)

III. Otras obligaciones

Por último, el Grupo de Trabajo del Artículo 29 hace mención específica a las siguientes obligaciones en materia de datos las cuales las *ad networks* deben dar cumplimiento conforme a la Directiva 95/46/CE:

a) Derechos de acceso, rectificación, cancelación y oposición de los usuarios;
b) La obligación de aplicar las medidas técnicas y de organización adecuadas para la protección de los datos personales contra la destrucción, accidental o ilícita, la difusión y otras formas de tratamiento ilícito de datos personales; y
c) La obligación de notificar el tratamiento de datos personales a la autoridad de control de datos, a no ser que estén exentos de esta obligación. (Dictamen 2/2010 2010)

IV. Uso de los datos personales sin consentimiento de los usuarios para fines publicitarios

En ocasiones, las distintas plataformas a las cuales los usuarios están dados de alta establecen de manera unilateral las condiciones en las cuales harán uso de los datos personales proporcionados por los usuarios. Así, por ejemplo, a finales del año 2012, la red social Instagram (adquirida por Facebook en abril de 2012 por 1.000 millones de dólares (Rodriguez 2012) quiso introducir una modificación en sus términos de uso por el cual permitiría a los *advertisers* usar las fotos y otros datos de los usuarios para la publicidad que se añadiría a la plataforma (EFE 2012). Sin embargo, dicho cambio no fue introducido dado que varios usuarios presentaron en diciembre de 2012 una demanda colectiva contra Instagram ante un tribunal federal de EEUU para impedir el uso comercial de imágenes alojadas en Facebook por considerarlo una violación de sus derechos de propiedad (AFP 2012).

Más recientemente, la propia Facebook publicó el 29 de agosto de 2013 una propuesta de actualizaciones para su Política de uso de datos y nuestra Declaración de derechos y responsabilidades por el cual los usuarios aceptan y dan a permiso a Facebook para utilizar su nombre, foto de perfil y cualquier otro dato en la publicidad online de la red social (Egan 2013).

Dicha propuesta, según Facebook, viene a raíz de un acuerdo por 20 millones de dólares por un pleito interpuesta por varios usuarios de la red social por el cual el nombre y fotos de aproximadamente 150 millones de usuarios fueron usados sin consentimiento en las Historias Patrocinadas.

A raíz de esta publicación, varios grupos de privacidad han enviado una carta de queja a la FTC para que no deje a Facebook hacer efectiva dicha propuesta (Dwoskin 2013).

Así pues, al darse de alta en dichas plataformas, los usuarios quedan expuestos al riesgo que sus datos personales sean usados indiscriminadamente para fines publicitarios y comerciales, lo cual supone una clara vulneración al derecho de privacidad de los usuarios.

V. *Smartphones*

La rápida penetración de los dispositivos *smartphones* en la sociedad hace que la industria publicitaria esté dirigiendo su contenido cada vez más a través de dichos dispositivos. Sin embargo, dicha práctica no está exenta de sus consecuencias y riesgos a nivel legal.

La mayoría de usuarios no son conscientes de la información adicional que es tratada al usar dichos dispositivos, tal y como queda demostrado en un estudio de TRUSTe de setiembre de 2013, por el cual un 31% de los usuarios de *smartphones* en Estados no son conscientes de la monitorización que tiene lugar en su dispositivo, por un 46% de los usuarios en Gran Bretaña (Deasy 2013).

En este sentido, varias de las aplicaciones más populares de los sistemas operativos de Apple y Android transmiten a terceras partes el ID único del móvil, la localización del usuario, edad, sexo y otra información de carácter personal sin el conocimiento y consentimiento previo por parte del usuario.

Como expresa el Grupo de Trabajo del Artículo 29 en su Dictamen 02/2013 sobre las aplicaciones de los dispositivos inteligentes, de 27 de febrero de 2013 (Dictamen 02/2013 2013), *«la estrecha interacción con el sistema operativo permite a las aplicaciones acceder a un número de datos significativamente superior a aquél al que tiene acceso un navegador de internet tradicional. Las aplicaciones pueden recoger gran cantidad de datos a partir del dispositivo (datos de ubicación, datos almacenados por el usuario en el dispositivo o datos de los distintos sensores) y procesarlos para proporcionar servicios nuevos e innovadores al usuario final».*

Sin embargo, el Dictamen determina que *«esas mismas fuentes de datos 5 pueden ser objeto de un tratamiento adicional,*

---

5 Tales como la localización, contactos, identificadores únicos del dispositivo y del cliente (p. ej., IIEM13, IIAM14, IUD15 y número de teléfono móvil, identidad del interesado, identidad del teléfono (es de-

*normalmente para generar ingresos, de forma desconocida o no
deseada por el usuario final».* Por ello, *«los principales riesgos
para la protección de datos de los usuarios finales son la falta de
transparencia y conocimiento libre e informado de los tipos de
tratamiento que las aplicaciones pueden realizar, combinada con
la falta de consentimiento significativo del usuario final antes de
que se produzca el tratamiento de datos. Las insuficientes medidas de seguridad, la clara tendencia hacia la maximización de los
datos y la elasticidad de los fines para los que se recogen datos
personales también contribuyen a los riesgos relacionados con la
protección de datos que se dan en el actual entorno de las aplicaciones.»*

4.3 Remedios

Ante el panorama que se ha presentado a lo largo de
este libro, es necesario plantear la pregunta respecto los posibles remedios que se puedan establecer con el objetivo de
salvaguardar los derechos de los usuarios (sobretodo, como
se ha apuntado, en materia de intimidad o privacidad y protección de datos).

Ante ello, además de las iniciativas de autorregulación
a las cuales se ha hecho referencia a lo largo de este libro,
cabe destacar que desde un punto de visto legislativo, la
Comisión Europea está preparando un nuevo marco jurídi-

cir, nombre del teléfono), datos de tarjetas de crédito y relativos a pagos, registros de llamadas, SMS y mensajería instantánea, historial de
navegación, correo electrónico, credenciales de autenticación para los
servicios de la sociedad de la información (en particular los servicios
con características sociales), fotografías y vídeos o datos biométricos
(por ejemplo, modelos de reconocimiento facial y huellas dactilares).

co para la protección de los datos personales en la Unión Europea mediante el *Reglamento del Parlamento Europeo y del Consejo relativo a la protección de las personas físicas en lo que respecta al tratamiento de datos personales y a la libre circulación de estos datos* (Reglamento general de protección de datos, y en adelante la «Propuesta de Reglamento») (COMISIÓN EUROPEA 2012), cuya entrada en vigor estaba prevista en principio para el año 2014.

Concretamente, dado que la Propuesta de Reglamento promociona la privacidad en el diseño (*privacy by design*) y establece sanciones más severas en caso de incumplimiento (a destacar, se prevé la posibilidad que la autoridades de control puedan imponer multas de hasta 1.000.000 de Euros o, si se trata de una empresa, de hasta el 2 % de su volumen de negocios anual a nivel mundial en los casos más graves), con lo que respecta a la OBA, la Propuesta de Reglamento trata de adaptar el marco jurídico de la protección de datos a la nueva realidad establecida por las técnicas publicitarias tales como la OBA u otras, la Propuesta de Reglamento recoge los criterios establecidos por el Grupo de Trabajo del Artículo 29 en su Dictamen 2/2010, y a través de su Considerando 46 determina que el principio de transparencia en la recogida y tratamiento de los datos personales debe ser *«fácilmente accesible y fácil de entender, y que se utilice un lenguaje sencillo y claro. Ello es especialmente pertinente cuando, en determinadas situaciones, como la publicidad en línea, la proliferación de agentes y la complejidad tecnológica de la práctica, resulte difícil para el interesado saber y comprender si se están recogiendo, por quién y con qué finalidad, los datos personales que le conciernen.*

Dado que los niños merecen una protección específica, cualquier información y comunicación cuyo tratamiento les afecte específicamente debe facilitarse en un lenguaje claro y llano que puedan comprender con facilidad.»

Asimismo, la Propuesta de Reglamento ha plasmado lo establecido en el Dictamen 2/2010 en sus Considerandos 51 y 58 a la hora de regular el derecho de oposición con respecto a la OBA. Concretamente, el Considerando 58 reza: *«Toda persona física debe tener derecho a no ser objeto de medidas que se basen en la elaboración de perfiles por medio de tratamiento automatizado. Sin embargo, se deben permitir tales medidas cuando se autoricen expresamente por actos legislativos, se lleven a cabo en el marco de la celebración o ejecución de un contrato, o el interesado haya dado su consentimiento. En cualquier caso, dicho tratamiento debe estar sujeto a las garantías apropiadas, incluida la información específica del interesado y el derecho a obtener la intervención humana, y dicha medida no debe referirse a un niño»* (el subrayado es mío).

Así, el artículo 20 de la Propuesta de Reglamento regula las «medidas basadas en la elaboración de perfiles» el cual puede considerarse como una manifestación del citado derecho (Samaniego 2013). Así, este derecho deriva del actual artículo 15 de la Directiva 95/46/CE denominado «Decisiones individuales automatizadas», cuya correspondencia en el ordenamiento jurídico español se encuentra plasmada mediante el artículo 13 LOPD que regula la «Impugnación de valoraciones». Mediante este nuevo artículo 20, se especifica la posibilidad de elaboración de un perfil a través de los datos de localización, los cuales hoy en día se obtienen de cualquier dispositivo, no sólo del GPS. Por ejemplo, de un móvil para poder utilizar el Google Maps, si bien el usuario puede rechazar facilitar los datos de geolocalización.

Asimismo, y conforme al redactado actual de dicho artículo 20 de la Propuesta de Reglamento, será posible la elaboración de los perfiles si el tratamiento:

a) Se lleva a cabo en el marco de la celebración o la ejecución de un contrato, cuando la solicitud de celebración o ejecución del contrato presentada por el interesado haya sido satisfecha o se hayan invocado medidas adecuadas para salvaguardar los intereses legítimos del interesado, como el derecho a obtener una intervención humana;

b) Está expresamente autorizado por el Derecho de la Unión o de un Estado miembro que establezca igualmente medidas adecuadas para salvaguardar los intereses legítimos del interesado; o

c) Si ha habido consentimiento del interesado, lo cual es algo lógico, y que en caso de que no apareciese textualmente, se llegase a esta conclusión realizando una labor interpretativa de conformidad con los preceptos que regulan el consentimiento de la Propuesta.

Además de la Propuesta de Reglamento y de las iniciativas de autorregulación, otras posibilidades que pueden servir para remediar el impacto que tiene sobre los derechos de los usuarios pueden ser los siguientes:

a) Extensiones/bloqueadores de publicidad

Tal y como se ha mostrado a lo largo de este libro, la mayoría de los usuarios no están concienciados con la monitorización de su actividad online y con la OBA. En este sentido, un gran porcentaje de usuarios no son conscientes que están siendo rastreados y perfilados mientras navegan por la web, y que sus perfiles se utilizan para entregar anuncios orientados.

Mientras que la limpieza periódica de cookies es una de las más simples contramedidas, sólo una minoría de los usuarios entienden lo qué es una cookie y para que se utilizan. Los usuarios deben ser conscientes de cómo se están procesando sus datos y cuáles son sus peligros potenciales. Hay una necesidad de una mayor transparencia para ayudar a los usuarios a entender cómo sus datos personales (idealmente, todos aquellos datos que pueden ser utilizados en un proceso que pueda afectar a ellos) se recopilan, gestionan y transfieren.

Por ello, además de las iniciativas del *Do Not Track* y del *OBA Icon* y *Advertising Option Icon* analizados anteriormente, existen extensiones para los principales navegadores de Internet que permiten a los usuarios conocer qué empresas están realizando una monitorización de su navegación online, y por los cuales permite bloquear la instalación de las cookies de dichas empresas, y por ende, el rastreo que puedan realizar de su actividad online. Así, las principales extensiones que se han hecho más populares entre los usuarios son AdBlock Plus (con más de 200 millones de descargas desde 2011) (Mirani 2013), Collusion, Ghostery, DoNotTrackMe y MaskMe.

Sin embargo, este tipo de extensiones, a pesar de ser efectivos para el usuario para evitar que se le muestre publicidad online mientras y evitar la monitorización de su actividad mientras navega por Internet, están teniendo un claro impacto negativo para la industria, tal y como se demuestra en el informe realizado por Page Fair (PageFair 2013). Según este estudio, y en base a los datos de 220 clientes, se estima una tasa media de bloqueo de anuncios del 22,7%, por el cual se estima que las empresas publicitarias pierden alrededor de unos 500.000 dólares al año debido al bloqueo de anuncios. Por último, dicho estudio afirma que este tipo de extensiones están creciendo alrededor de un 43% anual.

En mi opinión, este tipo de extensiones, junto con las iniciativas promulgadas por la industria, para ser más efectivas, deberían trasladarse e integrarse en las plataformas móviles (*smartphones* y *tablets*, entre otras) y sus respectivos sistemas operativos, ya que típicamente los mecanismos para realizar el rastreo de la actividad del usuario están integradas dentro de las propias apps que vengan por defecto o instaladas por el propio usuario. Esto implica que, actualmente, es imposible que el usuario rechace el consentimiento a que su actividad con el dispositivo sea rastreada sin que implique la completa desinstalación de la app en cuestión.

b) Instauración de políticas de privacidad más comprensibles y campañas de sensibilización

Actualmente, desde la perspectiva del usuario (que en general debemos considerar como usuario medio), las políticas de privacidad, en los cuales se informan (o deberían informar) de manera adecuada acerca de la monitorización de su actividad online, sus consecuencias y formas de revocar el consentimiento presentan los siguientes grandes inconvenientes:

1. Dichas políticas de privacidad son normalmente demasiado largas y complejas para un usuario medio a entender, lo cual implica que la gran mayoría opten por ignorarlas;
2. En caso que el usuario quiere utilizar el producto o servicio ofertado, su única opción es aceptar de manera unilateral, incondicional e integra dichas políticas de privacidad;
3. La mayor parte de los usuarios carecen de los conocimientos técnicos para comprender de manera plena las consecuencias de su consentimiento.

En base a lo anterior, si los usuarios tuvieran un mayor conocimiento en relación a la monitorización online que se lleva a cabo, y de la posibilidad de revocar el consentimiento a que su actividad online sea rastreada, dichos usuarios tendrían la posibilidad de realizar decisiones informadas al respecto, coincidiendo precisamente con el verdadero espíritu de la reforma legislativa llevada a cabo por la Directiva 2009/136/CE, y en España, mediante el artículo 22.2 LSSI.

Por ello, y en aras a cumplir dicho objetivo, los legisladores deberían:

a) Incentivar a que las empresas pongan a disposición de los usuarios políticas de privacidad que sean mucho más claras, comprensibles y específicas, y no que sean completamente oblicuas e incomprensibles para el usuario medio;

b) Al mismo tiempo, deben implantar medidas por las cuales la no aplicación de estas medidas suponga un incumplimiento por parte de las partes implicadas, el cual se traduzca en sanciones y/o obligaciones correctoras;

c) Promulgar y difundir campañas de comprensión y sensibilización que sean realmente eficaces de cara a los usuarios con el objetivo de que éstos comprendan las consecuencias de la monitorización de su actividad online llevada a cabo por los diferentes actores online, y cómo pueden tomar decisiones informadas al respecto.

5. CONCLUSIONES

Gracias al auge de las nuevas tecnologías, y a pesar del contexto socio económico de recesión a nivel mundial, la publicidad online es probablemente el modelo de negocio que actualmente esté experimentando la expansión y desarrollo más grande y acelerado.

Asimismo, la irrupción en el mercado de dispositivos electrónicos tecnológicamente más avanzados, como son los *smartphones, tablets* y las *Smart TV*, está permitiendo que la industria de la publicidad online centre sus esfuerzos en hacerla llegar a los usuarios también a través de estos dispositivos, lo cual amplia muchísimo las oportunidades que se generan para captar el interés de los usuarios y obtener más beneficios.

Como se ha visto, la publicidad online se ha consolidado como el segundo medio en el que más inversión se realiza, únicamente superada por la inversión en televisión. Así, en la Unión Europea se invirtieron un total de 24,3 mil millones de Euros en publicidad online durante el 2012, mientras que en Estados Unidos se invirtieron un total de 36,6 mil millones de dólares.

Así, la publicidad online permite sufragar la gran mayoría de los servicios online que los usuarios hacen uso a diario (redes sociales, correo electrónico u otros). Por ello, hay una aceptación generalizada de la publicidad online por parte de los usuarios a cambio de mantener gratuitos dichos servicios.

Por otro lado, el continuo avance de las tecnologías permite a los *advertisers* y *ad networks* adecuar de una manera más precisa la publicidad que dirigen a los usuarios de acuerdo con sus gustos e intereses, llegando a ser incluso personalizada, como es el caso sobretodo que se ha analizado con la OBA. Para ello, los *advertisers* y *ad networks* monitorizan continuamente la navegación de los usuarios con la finalidad de poder mostrarles publicidad que se adecue a su comportamiento de navegación. Como también se ha visto, esta monitorización se realiza a través del empleo, en gran parte, de las cookies.

Sin embargo, los derechos a la intimidad o privacidad y protección de datos de los usuarios se ven cada vez más sometidos a las posibles intrusiones por parte de los diferentes actores de la publicidad online, tal y como principalmente ha hecho hincapié el Grupo del Trabajo del Artículo 29 con varios de sus Dictámenes.

Para contrarrestar estas posibles intrusiones, la Comisión Europea promulgó un nuevo marco jurídico mediante la Directiva 2009/136/CE, con respecto al empleo de las tecnologías que permiten el rastreo y la monitorización de la navegación de los usuarios. En España, la transposición se realizó mediante el Real Decreto ley 13/2012, por el cual se modificó el artículo 22.2 LSSI en abril de 2012. Por su parte, en Estados Unidos se ha optado por un modelo de autorregulación y la aplicación de un modelo *opt-out* del consentimiento del usuario con respecto a la aceptación de la monitorización de su actividad online (a diferencia del modelo *opt-in* aplicado en el seno de la Unión Europea). Por ello, este modelo se basa en que el usuario otorgue «*un consentimiento tácito informado*». (Pérez Bes 2012)

Sin embargo, como se ha podido determinar en este libro, el nivel de cumplimiento de dicho marco jurídico en

España y en Europa es, por ahora, bajo. Pero aún más relevante, y bajo mi punto de vista, el nuevo marco jurídico no proporciona a los usuarios un mayor entendimiento del uso de la tecnología de las cookies u similares con fines de publicidad comportamental u otros, y lo que es más importante, y como se ha constatado a través del trabajo de campo realizado, tampoco protege de una manera real y efectiva los derechos fundamentales a la intimidad o privacidad de los usuarios. Por ello, y desde mi punto de vista, el citado marco jurídico es ineficaz.

Por ello, los verdaderos retos de cara al futuro inmediato se encuentran en que el marco jurídico de la publicidad online proteja de una manera real y efectiva los derechos de los usuarios que pueden ser susceptibles de vulneración e intromisión por parte de los diferentes actores que participan de la publicidad online.

Sin embargo, dicha protección real y efectiva de los derechos de los usuarios no debe ir en detrimento del desarrollo y auge de la publicidad online, ya que como se ha visto a lo largo de este libro, la publicidad online es un modelo de negocio claramente aceptado por los usuarios de Internet dado los diferentes beneficios que les genera (a destacar, la gratuidad de muchos servicios online que son sufragados gracias a la publicidad online).

Así, para lograr los anteriores retos en un futuro inmediato, considero necesario llevar a cabo acciones dirigidas de cara a los usuarios de Internet, como pueden ser campañas de sensibilización y educación a los usuarios para que puedan estar más informados de las causas y consecuencias de la publicidad online y de qué manera les afecta para que puedan tomar decisiones informadas al respecto. De no ser así, como se ha analizado, los usuarios no tienen un control efectivo sobre el empleo de las técnicas de rastreo y monitorización de su actividad online por parte de los *advertisers* y *ad networks*, resultando claramente insuficiente con únicamente transponer la normativa y dejar la aplicación de la misma a los *advertisers* y *ad networks* de cara a proteger los derechos de los usuarios.

Mi propuesta personal es que deben realizarse campañas de sensibilización y guías dirigidas a los usuarios para promover una educación y sensibilización en esta materia, dado que es un asunto que les afecta de manera directa y a diario, pero que sin embargo existe un gran desconocimiento de sus verdaderas implicaciones. Por ello, dichas campañas deben centrarse en informar y educar a los usuarios acerca de, sobretodo, la monitorización que realizan los *advertisers* y/o las *ad networks* mediante las cookies, y por otro lado, sensibilizar a los usuarios respecto del uso responsable de los *smartphones*, ya que en el futuro inmediato va a ser a través de este medio por el cual se obtenga la mayor parte de los datos e información de los usuarios con la finalidad de proporcionar publicidad online, principalmente OBA.

Por otro lado, y con respecto a la existencia de dos marcos jurídicos distintos en la regulación de la OBA y la publicidad online (esto es, Unión Europea y Estados Unidos), comparto la opinión por la cual «*el carácter global de la industria en Internet precisa de una interpretación común, más allá de las fronteras europeas, y de una normativa clara y flexible capaz de aportar algo de luz al farragoso panorama actual*». (Pastor y Muñoz Saldaña 2013)

Además, creo que podría ser interesante promulgar mecanismos mucho más eficaces, sencillos y directos que sirvan para permitir a los propios usuarios denunciar el abuso por parte de las empresas publicitarias de las técnicas de rastreo y monitorización. Estos mecanismos servirían como alternativa a los actuales procedimientos sancionadores de las agencias de protección de datos.

Por otro lado, las guías y recomendaciones como las promulgadas por la industria publicitaria y las agencias de protección de datos son necesarias para entender cómo aplicar y cumplir la nueva normativa. Sin embargo, hasta el momento no han servido para resolver todas las dudas que pueden suscitar la aplicación de la nueva normativa. Por ello, y para disuadir a las empresas de hacer lo mínimo para cumplir con la normativa o simplemente obviarla, dichas guías y recomendaciones deberían tener una naturaleza vinculante y de cumplimiento obligatorio.

Asimismo, y en vistas que iniciativas tales como el *Do Not Track* no han tenido el impulso esperado, considero interesante que las autoridades y las diferentes partes implicadas redirigieran sus esfuerzos y dieran su apoyo para impulsar las extensiones de los navegadores (tales como, Ghostery, DoNotTrackMe, Collusion, etc.) con el objetivo de darlos más conocer entre los usuarios para que puedan tener un control mucho más efectivo de quien está monitorizando su navegación online y darles la opción de poder rechazar su consentimiento a que estas empresas rastreen su navegación online con fines de publicidad online.

Por último, propongo que los gobiernos y los legisladores impongan medidas más estrictas (a modo de sanciones, avisos, etc.) para que las empresas se vean abocadas a poner a disposición de los usuarios políticas de privacidad mas entendedoras y clarificadores con la finalidad de que el usuario medio, al otorgar su consentimiento informado, sea plenamente consciente de los motivos y finalidades de la recogida de sus datos (personales y/u anónimos), y que dichas políticas de privacidad expliquen de manera clara y concisa cómo puede el usuario medio rechazar dicho consentimiento otorgado. (Agencia Española de Protección de Datos 2014)

Este planteamiento es plenamente aplicable para cuando se apruebe y entre en vigor el texto definitivo de la Propuesta de Reglamento, por el cual se promueve el *privacy by design*. En el caso español, este planteamiento se ha dado traslado dentro de lo que es el texto actual del Proyecto de Ley General de Telecomunicaciones.

BIBLIOGRAFÍA

AFP. «Demanda colectiva contra Instagram para evitar el uso comercial de las fotos.» *El Mundo*, 25 de 12 de 2012.

Agencia Española de Protección de Datos. *portalwebAGPD*. 06 de 2013. http://www.agpd.es/portalwebAGPD/revista_prensa/revista_prensa/2013/notas_prensa/common/junio/Carta_En.pdf (último acceso: 20 de 08 de 2013).

Agencia Española de Protección de Datos. «RESOLUCIÓN: R/02990/2013.» Madrid, 2014, 35.

Burgueño, Pablo F. *Sanción por instalar cookies de Google Analytics (y otras)*. 26 de 08 de 2013. http://www.pablo-burgueno.com/ (último acceso: 30 de 08 de 2013).

COMISIÓN EUROPEA. «Propuesta de REGLAMENTO DEL PARLAMENTO EUROPEO Y DEL CONSEJO relativo a la protección de las personas físicas en lo que respecta al tratamiento de datos personales y a la libre circulación de estos datos (Reglamento general de protección de datos).» REGLAMENTO DEL PARLAMENTO EUROPEO Y DEL CONSEJO, Bruselas, 2012.

Congreso de los Diputados. *Boletín Oficial de las Cortes Generales: Aprobación por la Comisión con Competencia Legislativa Plena. 121/000062 Proyecto de Ley General de Telecomunicaciones*. Madrid, 3 de Marzo de 2014.

Congress of the United States of America. «Do Not Track Me Online Act.» 112th Congress, H.R.654.IH, Washington, 2011.

Deasy, Dave. *Truste Blog* . 05 de 09 de 2013. http://www.
    truste.com/blog/2013/09/05/truste-study-reveals-smar-
    tphone-users-more-concerned-about-mobile-privacy-
    than-brand-or-screen-size/ (último acceso: 13 de 09 de
    2013).
Democracy and Technology, Center for. «Online Behavio-
    ral Advertising: Discussing the ISP-Ad Network Mo-
    del.» 2008. https://www.cdt.org/policy/online-behavio-
    ral-advertising-discussing-isp-ad-network-model.
Dictamen 02/2013. «sobre las aplicaciones de los dispositi-
    vos inteligentes.» GRUPO DE TRABAJO «ARTÍCU-
    LO 29 SOBRE PROTECCIÓN DE DATOS», Bruselas,
    2013.
Dictamen 15/2011. «sobre la definición del consentimien-
    to.» GRUPO DE PROTECCIÓN DE DATOS DEL
    ARTÍCULO 29, 2011.
Dictamen 16/2011 . «Sobre la recomendación de mejores
    prácticas de EASA/IAB sobre publicidad comporta-
    mental en línea.» Informe Juríridico, Grupo de Trabajo
    de Protección de Datos del Grupo 29, Bruselas, 2011.
Dictamen 2/2009. «sobre la protección de los datos perso-
    nales de los niños (Directrices generales y especial refe-
    rencia a las escuelas).» GRUPO «PROTECCIÓN DE
    DATOS» DEL ARTÍCULO 29, Bruselas, 2009.
Dictamen 2/2010 . «Sobre publicidad comportamental en
    línea.» Informe Jurídico, Grupo de Trabajo de Protec-
    ción de Datos del Artículo 29, Bruselas, 2010.
Dictamen 4/2012 . «sobre la exención del requisito de con-
    sentimiento de cookies.» GRUPO DE PROTECCIÓN
    DE DATOS DEL ARTÍCULO 29, Bruselas, 2012.
Digital Advertising Alliance. *Interactive Survey of US adults*
    . Survey, Zogby Analitics, 2013 .
Directiva 2002/58/CE. «tratamiento de los datos personales
    y a la protección de la intimidad en el sector de las co-

municaciones electrónicas (Directiva sobre la privacidad y las comunicaciones electrónicas).» *Parlamento Europeo y del Consejo* . Bruselas, 2002.

Directiva 2009/136/CE. «por la que se modifican la Directiva 2002/22/CE relativa al servicio universal y los derechos de los usuarios en relación con las redes y los servicios de comunicaciones electrónicas, la Directiva 2002/58/CE relativa al tratamiento de los datos personales y a la protección de la intimidad en el sector de las comunicaciones electrónicas y el Reglamento (CE) n o 2006/2004 sobre la cooperación en materia de protección de los consumidores Texto pertinente a efectos del EEE.» *Parlamento Europeo y del Consejo* . Bruselas, 2009.

Directiva 95/46/CE. «relativa a la protección de las personas físicas en lo que respecta al tratamiento de datos personales y a la libre circulación de estos datos.» *Parlamento Europeo y del Consejo*. Bruselas, 1995.

Dwoskin, Elizabeth. «Privacy Groups Complain to FTC About Facebook's New Privacy Policy.» *The Wall Street Journal*, 04 de 09 de 2013.

E.C . «Ninguna de las empresas del Ibex 35 cumple con la ley sobre el uso de 'cookies' en Internet.» *El Confidencial*, 11 de 05 de 2012.

EDAA. *Your Online Choices* . 2009- 2013 . http://www.youronlinechoices.com/uk/about-behavioural-advertising (último acceso: 26 de 07 de 2013).

EFE. «El Congreso aprueba la Ley de Telecomunicaciones con los votos de PP, PSOE y CiU.» *20 minutos*, 14 de Febrero de 2014.

EFE, Agencia. «Instagram pone tu vida en venta.» *El Mundo*, 18 de 12 de 2012.

Egan, Erin. *Facebook site governance* . 29 de 08 de 2013. https://www.facebook.com/notes/facebook-site-governance/propuesta-de-cambios-en-los-documentos-de-gobierno/10153196121520301 (último acceso: 03 de 09 de 2013).

Espadas, Javier González. «La Ley de Cookies: nuevas sanciones.» *Diario Juridico*, 2013: 1.

European Advertising Standards Alliance . *EASA Best Practice Recommendation on Online Behavioural Advertising* . Recomendación, Bruselas : European Advertising Standards Alliance, 2011.

European Interactive Digital Alliance . *OBA Icon Providers*. 2012-2013. http://www.edaa.eu/oba-icon-providers/ (último acceso: 06 de 08 de 2013).

European Network and Information Security Agency. «Privacy considerations of online behavioural tracking.» Report, Bruselas, 2012.

Facebook. *Facebook for business*. 2013. https://www.facebook.com/business/connect (último acceso: 04 de 08 de 2013).

Federal Trade Commission . «FTC Staff Report: February 2009 Self-Regulatory Principles For Online Behavioral Advertising.» Informe, Washington, 2009, 55.

Federal Trade Commission. «Protecting Consumer privacy in an Era of Rapid Change.» Washington, 2010.

Fennah, Alison. *European Online Advertising Market Surpasses €24.3bn in Value*. survey, adex Benchmark, Barcelona: .iabEurope, 2012.

García, Rebeca Puertas. «Publicidad Online Display.» Presentacón, 2013.

Globalwebindex. *Twitter Now The Fastest Growing Social Platform In The World*. 28 de 01 de 2013. https://www.globalwebindex.net/twitter-now-the-fastest-growing-social-cial-platform-in-the-world/ (último acceso: 04 de 08 de 2013).

GO-Gulf.com. «GO-Gulf.com.» *Social Media Advertising – Spending Statistics and Trends [Infographic]*. 2005-2013.

http://www.go-gulf.com/blog/social-media-advertising/ (último acceso: 01 de 08 de 2013).

Google Inc. *Anuncios en Gmail y tus datos personales*. 2013. https://support.google.com/mail/answer/6603?hl=es (último acceso: 02 de 08 de 2013).

— *Cómo funciona AdWords*. 2013. https://support.google.com/adwords/answer/2497976?hl=es&ref_topic=3121763 (último acceso: 02 de 08 de 2013).

Google.Inc . *Google Developers* . 12 de 08 de 2013. https://developers.google.com/glass/terms (último acceso: 20 de 08 de 2013).

Graham, Richard, y Dominique Shelton. «Online Behavioural Advertising : The gathering US and European Union Storm.» *Intermedia* 39, n° 5 (Diciembre 2011): 3.

Hof, Robert. «Facebook Crushes Q3 Earnings Targets On Mobile Ad Strength, But Comments Spook Investors.» *Forbes*, 2013: 2.

Hof, Robert. «Facebook Crushes Q3 Earnings Targets On Mobile Ad Strength, But Comments Spook Investors.» *Forbes*, 2013: 2.

IAB USA, American Association of Advertising Agencies (AAAA), Association of National Advertisers (ANA),Digital Marketing Association (DMA), la Better Business Bureau (BBB). «Self - Regulatory Principles for Online Behaviour Advertising.» Washington, 2009.

iab. . *First Quarter 2013 Internet Ad Revenues Set New High, at $9.6 Billion*. Informe, New York: iab., 2013.

iab.Europe. *Consumers driving the digital uptake The economic value of online advertising-based services for consumers*. informe, iab.Europe, 2010.

— *EDAA rolls out pan-European consumer campaign on OBA*. 13 de 06 de 2013. http://www.iabeurope.eu/news/

edaa-rolls-out-pan-european-consumer-campaign-oba (último acceso: 10 de 08 de 2013).

iab.Europe. «IAB Europe EU Framework for Online Behavioural Advertising.» Recomendación, Bruselas, 2011.

iab.mobile, y iab.europe. *Global Mobile Advertising Revenue 1 Display, Search, Messaging 2011 & 2012 Across Regions*. Informe, IHS.inc, 2012.

iabSpain. *Estudio de Inversión en Publicidad Digital*. Estadístico, Madrid: iabSpain, 2012.

iabSpain. *Estudio sobre Inversión Publicitaria en Medios Digitales*. Consultoria, Madrid: iabSpain, 2012.

iProfesional . *Las campañas online se ubican a la cabeza de la inversión publicitaria a nivel mundial*. 18 de 06 de 2013. http://www.iprofesional.com/notas/163336-Las-campaas-online-se-ubican-a-la-cabeza-de-la-inversin-publicitaria-a-nivel-mundial (último acceso: 02 de 08 de 2013).

Jímenez Cano, Rosa. «La cuestionable Privacidad de Gmail.» *El País*, 14 de 08 de 2013.

Kelion, Leo. «Yahoo files patent for social influence-based advertising.» *BBC*, 13 de 06 de 2013.

La Agencia Española de Protección de Datos (AEPD), Adigital, Autocontrol e IAB Spain. *Guía Sobre el Uso de las Cookies*. Guía, Madrid: Agencia Española de Protección de Datos, 2013.

LEY 34/2002. « de 11 de julio, de servicios de la sociedad de la información y de comercio electrónico.» Real Decreto, Boletín Oficial del Estado, Madrid, 2002.

Mason, KJ. *Social Media Statistics and Facts of 2013 [INFOGRAPHIC]*. 10 de 06 de 2013. http://growingsocialmedia.com/social-media-statistics-and-facts-of-2013-infographic/ (último acceso: 04 de 08 de 2013).

Melanson, Donald. «Facebook reports $1.81 billion in revenue for Q2 2013, 1.15 billion monthly active users.» *Engadget,* 24 de 07 de 2013.

Miniwatts Marketing Group. *Internet World Stats* . 2001-2013. http://www.internetworldstats.com/stats.htm (último acceso: 22 de 07 de 2013).

Mirani, Leo. «Over one-fifth of people use ad-blocking software—and it's beginning to hurt.» *Quartz,* 09 2013.

Network Adversiting Initiative . «NAI Code of Conduct.» Washington, 2013 .

PageFair . «The Rise of AdBlocking.» 2013.

Pastor, Esther Martínez, y Mercedes Muñoz Saldaña. «En busca de equilibro entre la regulación y la autorregulación de la publicidad comportamental en línea.» *Estudios sobre el Mensaje Periodístico* 19, n° 0 (05 2013): 9.

Pérez Bes, Francisco. *La Publicidad Comportamental Online.* Barcelona: Editorial UOC, 2012.

Petrook, Mike. *KPMG Cutting through complexity* . 28 de 05 de 2013. http://www.kpmg.com/uk/en/issuesandinsights/articlespublications/newsreleases/pages/half-of-uk-institutions-continue-to-ignore-eu-cookie-law-one-year-on.aspx (último acceso: 20 de 08 de 2013).

Pfeifle, Sam. *International Assosiation of Privacy Professionals.* 17 de 09 de 2013. https://www.privacyassociation.org/publications/is_this_the_end_for_dnt_daa_pulls_out_of_w3c_process (último acceso: 20 de 09 de 2013).

Pozzi, Sandro. «Twitter allana el camino hacia el estreno bursátil con la compra de MobPub.» *El País,* 10 de 09 de 2013.

PricewaterhouseCoopers. *IAB Internet Advertising Revenue Report.* Informe, New York: iab., 2012.

Real Decreto-ley 13/2012. «de 30 de marzo, por el que se transponen directivas en materia de mercados interiores de electricidad y gas y en materia de comunicaciones electrónicas, y por el que se adoptan medidas para la corrección de las desviaciones por desajustes entre los costes e ingresos de los sectores eléctrico y gasista.» Real Decreto, Boletín Oficial del Estado, Madrid, 2012.

Reding. *European Parlament* . 31 de 07 de 2013. http://www.europarl.europa.eu/sides/getAllAnswers.do?reference=E-2013-005699&language=EN (último acceso: 20 de 08 de 2013).

Reuters. «Twitter inserta publicidad individualizada.» *El País*, 04 de 07 de 2013.

Rodriguez, Sergio. «Facebook compra Instagram por 1000 millones de dolares.» *El Mundo*, 09 de 04 de 2012.

Samaniego, Javier Sempere. «Comentarios prácticos a la Propuesta de Reglamento de Protección de Datos de la Unión Europea.» Madrid, 2013.

Saxen, Anupam. «Microsoft's new Scroogled ad takes on Google's disguised Gmail ads.» *NDTV Gadgets*, 2013.

Senate of the United States of America . «Commercial Privacy Bill of Rights Act of 2011.» 112th Congress, S.799.IS, Washington, 2011.

Soltani, Ashkan, Shannon Canty, Quentin Mayo, Lauren Thomas, y Chris Jay Hoofnagle . «Flash Cookies and Privacy.» *School of Information* (UC Berkeley School of Law), 07 2009.

The White House . «1 U.S. INTELLECT UA L PROPERT Y ENFORCEMENT COORDINATOR A NN UA L R EPORT ON INTELLECT UA L PROPERT Y ENFOR-CEMENT CONSU MER DATA PR IVACY IN A NE-TWORKED WORLD: A FR A MEWOR K FOR PRO-TECT ING PR IVACY A ND PROMOT ING INNOVAT ION IN THE GLOBAL DIGITAL ECO-NOMY.» Washington, 2012.

— *We Can't Wait: Obama Administration Unveils Blueprint for a «Privacy Bill of Rights» to Protect Consumers Online.*

23 de 02 de 2012. http://www.whitehouse.gov/the-press-office/2012/02/23/we-can-t-wait-obama-administration-unveils-blueprint-privacy-bill-rights (último acceso: 19 de 08 de 2013).

Weil, Kevin. *Blog.twitter* . 03 de 07 de 2013. https://blog.twitter.com/2013/experimenting-with-new-ways-to-tailor-ads (último acceso: 02 de 08 de 2013).

Zenith. *Mobile lidera la aceleración en la inversión publicitaria mundial*. Estudio, Madrid: Zenith Media S.L., 2013.

ANEXOS

Anexo I

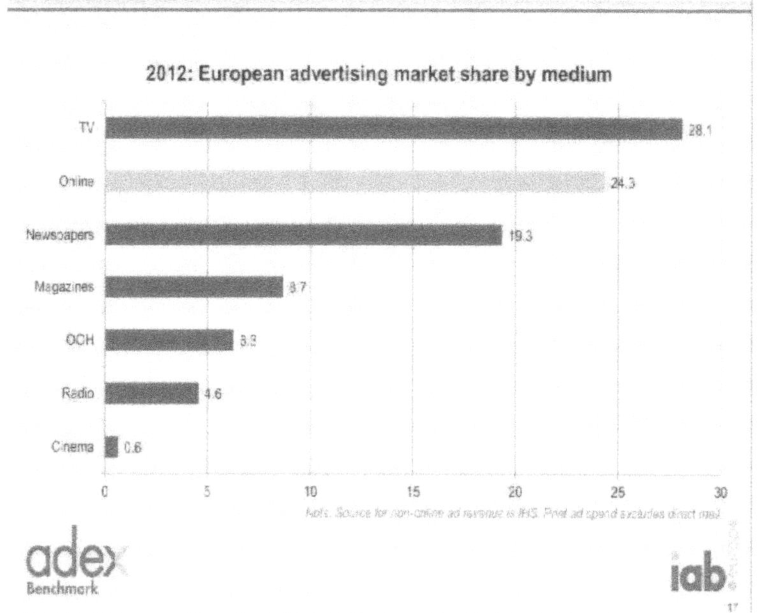

Anexo II

Distribución de inversión en medios convencionales

	2010	2011	2012	2012 vs. 2011
Televisión	2471,9	2237,2	1815,3	-18,9%
Digitales*	798,9	899,2	885,7	-1,5%
Diarios	1124,4	967	766,3	-20,8%
Radio	548,5	524,9	453,5	-13,6%
Exterior	420,8	402,8	326,3	-19,0%
Revistas	397,8	381,1	313,7	-17,7%
Dominicales	72,2	67,1	52,0	-22,5%
Cine	24,4	25,8	22,5	-12,8%
Total	**5.858,80**	**5.505,10**	**4.635,30**	**-15,8%**

Anexo III

Advertising revenue market share by media - 2011 ($ billions)
Broadcast Television *
$39.6
Internet
$36.6
Cable Television **
$32.5
Magazines ***
$22.8
Newspaper
$19.4
Radio
$16.1
Out of Home
$7.5
Video Games
$0.8
Cinema
$0.7

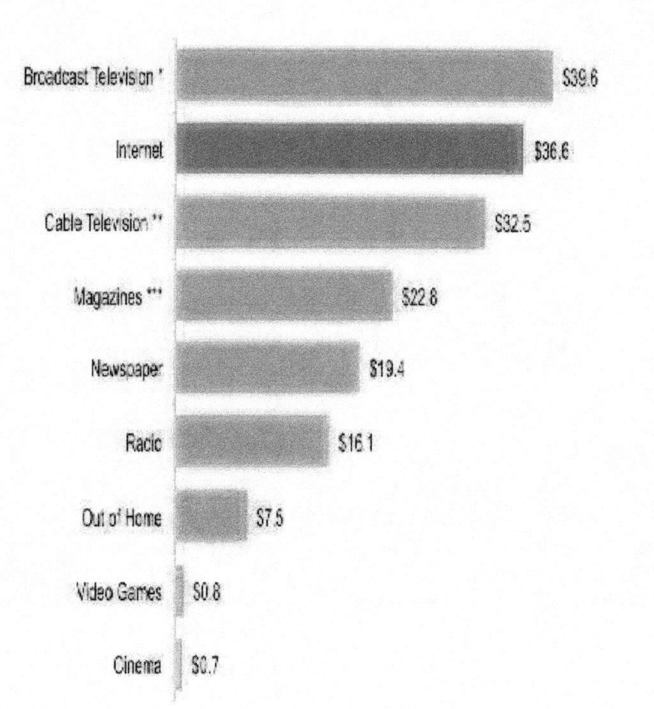

Anexo IV

Anexo V

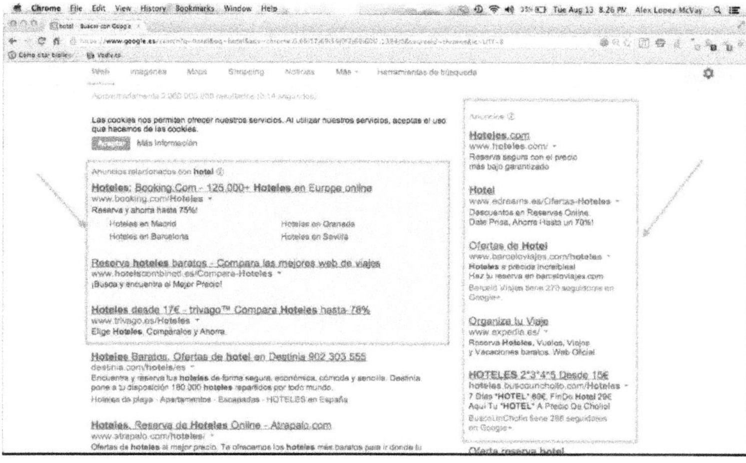

Anexo VI

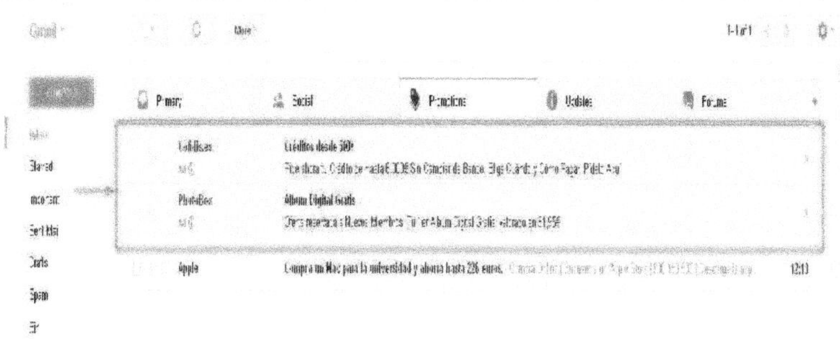

Anexo VII

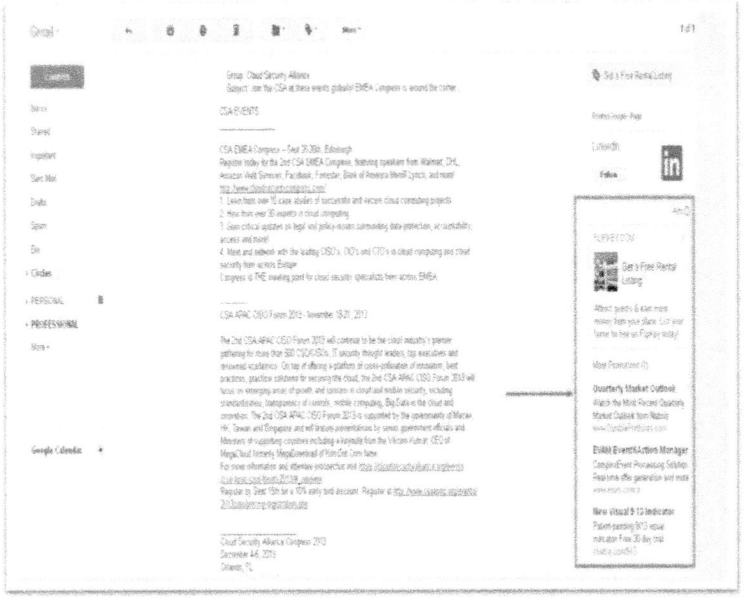

Anexo VIII

Global mobile ad revenue nearly doubled in 2012
Global mobile ad revenue (€m)
+82.8%
3.769
6.889
2011
2012

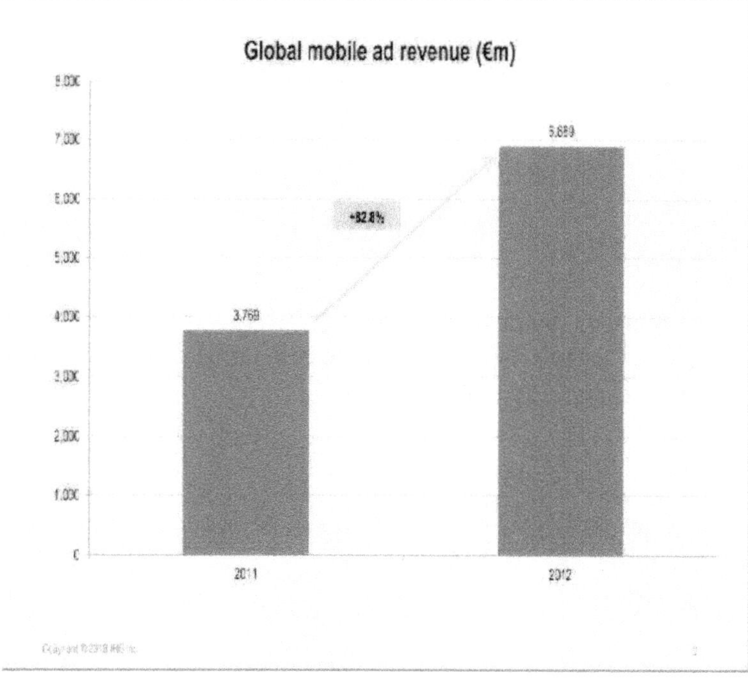

Anexo IX

ENCUESTA SOBRE LA NAVEGACIÓN
EN INTERNET Y LA PUBLICIDAD ONLINE

País:

Selecciona tu rango de edad::

- ☐ 18-35

- ☐ 35-45

- ☐ 45-55

- ☐ 55-65

1. Como usuario de Internet ¿tenías conocimiento que tu navegación puede estar monitorizada por empresas que ofrecen publicidad online?
   ☐ Sí
   ☐ No

2. ¿Conoces cómo estas empresas de publicidad realizan esta monitorización?
   ☐ Sí: ....
   ☐ No

3. ¿Sabes por qué motivo tu navegación puede ser monitorizada por estas empresas?
   ☐ Sí: ....
   ☐ No

4. En general, mientras navegas por Internet ¿la publicidad que se muestra se adecua a tus intereses?
   ☐ Sí
   ☐ No

5. ¿Alguna vez has hecho *click* a un banner de publicidad en Internet que te haya podido interesar?
   ☐ Sí
   ☐ No

6. ¿Alguna vez has realizado alguna compra online gracias a una publicidad que hayas visto en Internet?
   ☐ Sí
   ☐ No

7. ¿Te preocupa que estas empresas que ofrecen publicidad online realicen una monitorización de tu navegación por Internet, pudiendo crear un perfil detallado sobre ti?
   ☐ Sí
   ☐ No

8. En caso que no quieras que estas empresas monitoricen tu navegación en Internet, ¿conoces cómo puedes impedirlo?
   ☐ Sí: ....
   ☐ No

9. ¿Conocías la opción de navegación privada en tu navegador para evitar que las empresas de publicidad puedan monitorizar tu navegación?
   ☐ Sí
   ☐ No

10. En caso que sí, ¿utilizas esta opción de navegación privada u alguna extensión del navegador para evitar esta monitorización?
    ☐ Sí
    ☐ No

11. **¿Borras a menudo el historial de navegación y las cookies?**
   ☐ Sí
   ☐ No

12. **Marca con una X el tipo de publicidad que te resulta más interesante/relevante:**
   ☐ La que veo/oigo a diario a través de los métodos tradicionales (televisión, periódicos, revistas, radio, etc.)
   ☐ La que veo online a través de medios digitales (PC, Smartphone, tablet, etc.)

13. **Selecciona la opción que más prefieras:**
   ☐ Que los servicios de Internet (motores de búsqueda, correo, redes sociales, etc.) sean de pago sin tener publicidad online.

   ☐ Que estos servicios sean gratuitos pero sufragados a través de la publicidad online.

   Enlace: http://fluidsurveys.com/surveys/alm46931/en-questa-sobre-la-navegacion-y-publicidad-online/

SURVEY REGARDING ONLINE BROWSING AND ONLINE ADVERTISING

Country:

Select your age range:

- ☐ 18-35
- ☐ 35-45
- ☐ 45-55
- ☐ 55-65

1. As an Internet user, did you have any knowledge of the fact that your Internet browsing can be tracked by companies which deliver online advertising?
   ☐ Yes
   ☐ No

2. Do you know how these companies track your Internet browsing?
   ☐ Yes: ....
   ☐ No

3. Do you know the reasons why these companies track your Internet browsing?
   ☐ Yes: ....
   ☐ No

4. Generally, while browsing the Internet, does the online advertising you see meet your interests?
   ☐ Yes
   ☐ No

5. Have you ever clicked on an online advertising banner which may have been of your interest?
☐ Yes
☐ No

6. Have you ever bought anything online thanks to an advertisement you have seen online?
☐ Yes
☐ No

7. Are you worried of the fact that companies which deliver online advertising can track your online browsing, even creating a detailed profile about you?
☐ Yes
☐ No

8. If you do not want these companies to track your online browsing, are you aware of how to impede it?
☐ Yes: ....
☐ No

9. Were you aware of the private browsing option on your browser in order to impede these companies from tracking your online browsing?
☐ Yes
☐ No

10. If yes, do you use this private browsing option or any other browser extension to impede these companies from tracking your online browsing?
☐ Yes
☐ No

11. Do you regularly clear your browsing data and cookies?
☐ Yes
☐ No

12. **Select the type of advertising which you find more interesting/relevant:**
    - ☐ The advertising I see and hear through the traditional methods (TV, newspapers, magazines, radio, etc.)
    - ☐ Online advertising (via PC, Smartphone, tablet, etc.)

13. **Select your preferred option:**
    - ☐ That the services provided on the Internet (search engines, e-mail, social networks, etc.) be payment services without any online advertising.
    - ☐ That said service be kept free but funded thanks to online advertising.

Link: http://fluidsurveys.com/surveys/alm46931/survey-online-browsing-and-advertising/

Anexo X

Anexo XI

Anexo XII

Anexo XIII